KB261437

한국 기독교 지도자 강단설교

# 한상동

엮은이 **KIATS**(Korea Institute for Advanced Theological Studies, 한국고등신학연구원)

KIATS는 세대를 잇는 기독교 인물 양성, 한국 기독교 유산의 집대성과 세계화, 동·서양 기독교의 상호이해와 소통, 교회와 성도들을 위한 범교단적인 장을 마련하기 위해 2004년 설립된 단체로, '사람, 인프라, 네트워크'를 강조한다.

'하늘의 비밀을 훔쳐보고 이 땅에 실현하고자 하는 사람'을 발굴하여 세계적 시각으로 기독교 연구를 수행할 능력과 비전을 갖춘 인물로 키우고, '한국 기독교를 위한 연구의 장을 마련'하여 한국 기독교인들이 교회와 신학 연구에 매진할 수 있는 적절한 기반과 여건을 제공하며, '아시아 기독교와 서구 기독교의 파트너 관계를 형성'하여 상호이해와 공동번영을 위한 가교 역할에 매진하고 있다.

한국 기독교 지도자 강단설교
**한상동**

지은이 한상동
엮은이 KIATS
펴낸이 정애주

펴낸날 2009. 12. 16.  초판 1쇄 인쇄
　　　 2009. 12. 28.  초판 1쇄 발행
펴낸곳 (주) 홍성사
　　　 1977. 8. 1. 등록 / 제 1-499호
　　　 121-883 서울시 마포구 합정동 196-1
　　　 TEL. 02)333-5161　 FAX. 02)333-5165
　　　 http://www.hsbooks.com　 E-mail : hsbooks@hsbooks.com

ⓒ KIATS, 2009

ISBN 978-89-365-0812-8
값 10,000원  ※잘못된 책은 바꿔 드립니다.

믿음의유산

韓
國
基
督
敎
指
導
者
講
壇
說
敎

홍성사.

한국 기독교 지도자 강단설교

# 한상동

한상동 지음_ KIATS 엮음

한국 기독교는 세계 2,000년 기독교 역사에 유례가 없을 정도로 단시간에 박해와 고난, 열정과 헌신, 교회 성장과 선교와 같은 다양한 경험을 맛보았다. 이러한 경험은 조선 유학자와 초기 가톨릭 교우들의 논쟁, 박해와 순교를 내세와 참된 신앙에 대한 묵상으로 승화시킨 설교와 글과 시 등을 통해 고스란히 표출되었다. 하지만 현재를 사는 우리는 이를 가다듬지도, 그 진정한 가치를 온전히 인식하지도 못하고, 늘 서구 기독교만 동경하며 그 문화를 받아들이기에 급급했던 것이 사실이다.

최근 들어, 지금까지 소홀했던 한국 기독교의 믿음의 유산을 발굴하여 현재의 삶과 신앙을 반성하려는 신앙인들이 늘고 있는 것은 무척 고무적인 일이다. 이런 맥락에서 KIATS(한국고등신학연구원)는 "믿음의 유산" 시리즈를 통해 한국 기독교의 유산을 집대성하고자 한다.

"믿음의 유산" 시리즈는 기독교 유래 초기부터 오늘에 이르기까지 한국 기독교의 특징을 잘 드러내 주는 신앙적 혹은 학문적 가치가 있는 일차 문헌을 선별하여 담아낼 것이다. 먼저 목회자와 신학자를 포함한 성직자의 설교를 〈한국 기독교 지도자 강단설교〉로 묶어 펴

낼 것이며, 그 밖에 사회운동가, 정치가, 사상가, 문인, 예술인 가운데 기독교적 정체성을 갖고 한국 기독교에 공헌한 분들의 작품도 묶으려 한다. 원전을 정리하고 선별함에는 저자의 설교문과 논문, 수필과 단상, 시와 선언문, 단행본과 전집 등 활자화된 문헌을 우선으로 한다.

이 시리즈를 통해 독자들은 그동안 묻혀 있던 한국 기독교의 보석 같은 글을 다양하게 접하게 될 것이다. 이로써 치열하게 믿음의 본을 보이며 살다 간 조상들의 신앙을 음미하여 오늘을 반추하며, 하나님께서 한국 기독교의 미래에 허락하실 원대한 계획을 꿈꿀 수 있을 것이다. 그뿐만 아니라 외국 번역물이 우리나라 기독교인들의 독서를 주도하는 상황에서 우리네 정과 풋풋함, 구수한 토속적 신앙을 한껏 맛보게 될 것이다.

가장 지역적인 것이 가장 세계적이라는 말이 있듯이, "믿음의 유산" 시리즈가 우리 것에 대한 진지한 성찰과 함께 세계적 차원에서 우리의 신앙을 발견하고 재정립하는 데 좋은 기회가 되길 소망한다.

KIATS를 대표하여 김재현

# 차례

김형규(우간다 쿠미대학교 신학대학장·교회사)

## 어떻게 살 것인가를 가르쳐 줄 선생이 그리운 때

나의 반석이시요 나의 구속자이신 여호와여 내 입의 말과 마음의 묵상
이 주님 앞에 열납되기를 원하나이다(시 19:14).

하루 24시간 가운데 의식이 있는 모든 순간을 하나님 생각으로 채
울 수는 없을까? 그리하여 이 땅 위에 살면서도 끝없는 기쁨, 넘치는
사랑, 완전한 평화를 누리며 살 수는 없을까? 천국에 가면 모두가 영
원히 그렇게 살 것이다. 하나님이 너무 좋아서 하나님 생각이 성도의
머릿속에서 도저히 지워지지 않을 것이다.

오늘날 교회에서는 사람의 의식을 '신전 의식神前意識, Coram Deo'으로 채우는 것에 대해 강조하지 않는다. 그러면서도 많은 사람들이 예수 믿고 복 받아 땅 위에서 육신이 잘된다는 복된 소식은 듣기 좋아한다. 심지어 기도하는 사람들 중에도 개인이나 집단의 욕심에 사로잡혀 오직 자신들만을 생각한다. 교회 지도자를 양성하는 신학교에서도 학생들에게 내면 생활에 관한 훈련을 집중적으로 하지 않는다. 내면 훈련을 통해 사람의 생각을 위의 것에 둠으로써 영혼까지도 구주 예수 그리스도를 즐거워할 줄 알아야 하는데, 그런 훈련을 전혀 하지 않는 것이다.

그러나 성경은 전체에 걸쳐 이러한 삶에 대해 일관성 있게 가르침을 주고 있다. 신자는 그리스도 안에 있고, 교회는 그리스도의 신부이며, 그리스도는 죄인들을 그분의 피로 값을 지불하고 속량하셔서 하나님의 거룩한 백성이 되게 하셨다. 그러므로 교회의 선생님들은 깨어 있는 모든 시간 동안 오직 하나님 생각으로 채워야 한다고 신자들을 가르쳐야 마땅하다. 그리하여 신자들의 영혼이 범죄하지 않게 하고, 세월이 갈수록 그리스도의 아름다움을 더 기뻐하며 살도록 도와야 한다. 이것이 바로 '교회의 성장'인 것이다.

어린아이들은 외부 세계로부터 쉬 영향을 받는다. 천둥 번개가 치고 폭풍이 일면 겁에 질려 어쩔 줄을 모른다. 그러나 성인이 되면 외부보다는 내면 세계의 위력이 삶을 지배한다. 상상 속에서 범하는 죄 또한 매우 무서운 것으로, 자기가 우주의 주인이 되어 인성이 요구하는 대로 마음껏 상상의 나래를 펼친다. 아무도 보지 않고 사회에 피해를 주지 않으니 이 상상 속의 자유로운 죄는 죄가 되지 않는다고 생각한다. 이렇게 영혼이 황폐해지면 자연히 외면 생활에 드러나게 마련이고, 결국 자신의 삶을 무서운 파멸로 이끌고 만다. 그러다 어느 날 문득 하나님 나라 밖에서 사는 자신을 발견할 것이다. 그리스도가 직접 통치하시는 세계의 체험을 나이가 들어가면서 점점 잃게 되는 것이다.

한국 교회의 역사에는 이와 같은 교회의 근본적인 영역에서 구체적인 가르침을 주신 선생님들이 많이 계신다. 마음을 다하고, 뜻을 다하고, 성품을 다하고, 힘을 다하여 일상에서 하나님을 사랑한 분들. 그분들은 말로 이것을 가르쳤고, 생활로 보여 주었고, 피로써 그들의 가르침을 확정했다. 그렇게 해서 한국 교회의 독특한 영성이 형성되었다. 한상동 목사도 이러한 한국 교회의 선생님들 가운데 한 분이다.

그분은 세상 끝 날까지 그렇게 살아야 할 것을 말씀하시고 그렇게 살다 가셨다. 우리는 그를 말씀의 사람, 기도의 사람, 은혜의 사람, 성령의 사람, 사람을 두려워하지 않는 사람, 믿음의 수호자, 그리스도의 사람이라고 부르기를 주저하지 않는다.

나와 내 동료들은 그에게서 신학 훈련을 받았다. 1972년 내가 고려신학대학에 입학했을 때, 그분은 학장이었고 다른 교수들은 모두 그의 제자들이었다. 목회학은 그가 강의를 맡았다. 그분은 목사란 혼자 있어도 목사이며 사람들 앞에 있어도 목사라고 가르쳤다. 항상 바르게 살아야 한다는 말씀이다.

그분은 당시 학생이던 우리와 40년 가까이 나이 차이가 있는데도 학생들에게 늘 경어를 사용했고, 우리를 일러 '형님'이라고 불렀다. 게다가 학교 밖에서 만났을 때도 그렇게 부르시는 통에 나이 지긋하신 분이 젊은이에게 '형님'이라고 부르는 것을 보고 영문 몰라 하는 사람들 앞에서 부끄러워 몸 둘 바를 찾지 못하는 일이 한두 번이 아니었다. 당신이 춘추는 더 되지마는 그래도 날마다 발전하는 세상에서 젊은이들이 아는 것이 더 많으니 형님이라고 불러야 한다는 것이었다.

그분 슬하에는 자녀가 없었다. 그러나 그는 모든 사람에게 마음으로 다가가는 인자한 아버지와 같았다. 어린아이와 지극히 가난한 자들도 늘 가까이 다가갈 수 있는 거리에 머물러 있는 분. 학교에서는 학생들에게 줄넘기라도 해서 운동을 해야 한다고 가르쳤고, 직접 나서서 젊은 교수들과 어울려 열심히 탁구를 치기도 하셨다.

그분은 한국의 목회자들에게 어떻게 살아야 하는지를 가르치셨다. 많은 선배 목회자들이 그의 삶을 흠모하면서 충성스럽게 교회를 섬겼다. 한상동 목사처럼 되기를 소원하는 이들이 얼마나 교회를 헌신적으로 섬기며 살다 갔는지를 우리는 알고 있다. 그뿐만 아니라 돌아가신 지 30년이 지나도록 그의 영성은 살아 있어 한국 교회의 한 흐름에 이어지고 있다.

나는 1976년, 그가 소천하시던 해에 고신대학교 강단에 섰다. 그리고 지금까지 목사가 되고자 하는 사람을 가르치는 학교에서 일한다. 11년을 고신대학교에서, 이후 10년을 필리핀에서, 그리고 지금은 12년째 남아프리카공화국에서 신학교육에 참여하고 있다. 이렇게 세 나라에서 신학교 사역을 해 왔지만 학생들에게 영성의 모델로 제시하는 것은 늘 동일하다. 한상동 목사와 같은 이들이 나타나기를 간절히 원하는 것이다. 지구의 어느 곳이든지 교회의 지도자들에게 반드시 가르쳐야 할 것이 있다. 바로 세상 끝 날까지 우리와 모든 순간에 늘 함께하시는 주님을 믿고 의지하는 영성을 가르치는 것이다.

## 한상동의 삶과 영성의 발자취

한상동은 1901년에 태어났다. 때문에 이후 그의 나이와 시대의 연대가 일치한다. 1919년 그가 19세 되던 해에 3·1운동이 있었고, 1945년 그가 45세 되던 해에 2차 세계대전이 끝나면서 우리나라가 광복을 맞이했다. 그리고 5년 뒤, 1950년 그가 50세 되던 해에는 한국전쟁이 일어났다. 한국이 겪어 온 식민지 시대, 광복 이후의 혼란, 한국전쟁과 고통스런 회복의 시간, 그리고 이후 안정되어 가는 한국의 역사를 몸으로 사신 분이다. 또 한국 장로교회가 겪어 온 성장과 고통의 산 증인이셨다.

한국 교회가 외국 선교사의 영향을 받으면서도 우리만의 정체성을 만들어 가던 시기, 그 이후의 배교 시대, 해방 후의 혼란, 새로운 시작, 그리고 세계 선교에 참여하기 위한 교회로 준비하던 때까지, 이 모든 과정에서 그는 그 핵심에 있었다. 그러기에 그의 영성은 한국 교회사에 주목할 만한 의미를 지녔다.

일제 강점 이후 10년이 지난 1919년, 전국적으로 3·1만세운동이 일어났다. 그때 한상동은 실용학교에서 교사로 봉직하고 있었다. 그는 집과 학교가 있는 부산 다대포를 중심으로 3·1운동에 참여하려고 태극기를 대량으로 만들어 나누어 주었다. 그러나 거사 당일 이 사실이 누설되면서 피신하는 신세가 되었다. 그는 청년 시대부터 남다른 민족애와 정의감이 넘쳤다.

25세에 세례를 받은 후 그는 매우 적극적인 신앙생활을 했다. 아들이 없는 당숙의 집에 양자로 가 살았는데, 그가 신앙을 이유로 제사를 거부하자 한韓씨 문중門中 회의에서는 그를 파양罷養 선고한다. 집안에서 내쫓긴 것이다. 게다가 폐결핵까지 찾아와 오랜 고통에 시달려야 했다. 이러한 역경 중에도 그는 교회가 없는 마을을 찾아다니며 두 곳에 교회를 개척했다. 그러면서 그는 기도 생활의 능력을 체험했으며, 교회는 하나님의 인도하심으로 성장한다는 것을 깊이 깨달았다. 당시 경남노회 여전도회가 이 무명의 전도인을 후원했는데, 그때 주기철 목사의 사모가 회장으로 있었다.

이후 1933년에서 1936년까지 평양신학교에서 공부했다. 이때 장래 모든 일을 주님께 맡기고 기도로 하나님의 인도하심을 찾았다. 가르치는 이들의 인도를 따라 성경 말씀을 읽고 깊이 묵상하는 것이 그의 공부의 중심이었다. 1936년 신학교를 졸업한 후 부산 초량교회에 조사助事로 부임했다. 여기서 그는 말씀대로 살아가며 열심히 기도하는 중에 교회가 부흥하는 것을 발견했다. 특히 새벽기도에서 주님의 임재를 강하게 체험했다. 매일 드리는 새벽기도 시간에 100여 명의 교인이 모였다. 그때부터 그는 평생을 하루도 빠지지 않고 새벽기도회를 인도했다.

다음 해인 1937년, 그는 경남노회에서 목사 안수를 받고 마산 문창교회에 부임했다. 만주사변 이후 중국과 전쟁에 돌입하던 때였다. 일본 사람들과 같이 한국 사람도 이 전쟁에 참여하기를 원하는 일본 군국주의자들은 한국인들에게 신사참배를 강요했다. 한상동 목사는 신사참배를 반대하다가 1939년 마산 문창교회를 그만두게 되었다. 그가 신사참배를 반대한다 하여 일본 경찰이 교인들을 너무 괴롭혀 더 이상 교인들의 희생을 볼 수 없었던 것이다. 목사가 되어 처음 부임한 교회에서 그는 온 정성을 다하여 사랑하던 교인들과 헤어지는 단장의 슬픔을 겪었다. 교회를 사면辭免한 뒤 신사 불참배운동을 조직적으로, 그리고 전국적으로 전개했다.

이 일로 한상동은 1940년 경상남도 경찰부에 구속되었고, 곧 평양 형무소로 이송되었다. 그 후 1945년 8월 17일까지 무서운 옥고를 치렀다. 그의 나이 40에서 45세에 이르는 이 옥중 생활을 통해 그의 영성은 완성되어 갔다. 그는 여러 해를 독방에서 지내면서 핍박과 고문 가운데도 기도하며 육신의 연약함을 극복해 나갔다. 당시 그는 기도할 때마다 "사랑하는 주님"이라고 부르며 시작했다. 고난 중에 그의 주님과 특별한 사랑을 나누고 있었던 것이다.

이 기간 동안, 한상동은 감옥을 벗어날 기회가 여러 번 있었다. 병보석을 신청할 수 있었고, 형이 확정되지 않은 미결수로 있었기에 판사의 재량으로 방면될 기회도 있었다. 하지만 그는 이 기회를 누리지 않았다. 신사참배를 반대하다가 희생당한 많은 사람들에 대한 책임과 함께 한국 교회가 신사참배 반대를 위해 계속 기도할 수 있도록, 감옥에 남아 있는 쪽을 택했다. 그의 영성은 죽음을 선택한 것이다.

그의 병든 몸은 이미 감옥 생활의 고통을 이겨 낼 수 없을 만큼 약해져 있었지만, 죽음을 선택한 그에게 주님은 특별한 은총을 베푸셔서 기적을 보게 하셨고, 그는 죽지 않고 감옥을 나왔다. 이와 같은 그의 영성을 정리하면, 한마디로 '여주동행如主同行'의 영성이라 할 수 있다. '모든 순간 한결같이 주님과 동행하고자 하는 영성'인 것이다.

신사참배를 반대하여 적지 않은 성도들이 말할 수 없는 고통을 당하던 시절, 전반적인 한국 교회 상황은 배교의 시대라고 이름 붙일 수 있는 뼈아픈 기간이었다. 2차 세계대전 말기 신도神道주의의 강압을 받으며 전쟁에 들어가 있는 이 특수한 상황에서 한국 교회는 일본 군국주의자들의 물리적인 힘에 짓눌려 있었다. 이때는 대다수의 목사들이 신사참배, 동방요배, 미소기하라이[1]를 하면서 교회를 유지해 가던 시절이다. 장로교, 감리교 등 교단 구분도 없어지고 단지 일본 기독교단 조선지부로 존재했다. 일본의 전시 물자를 충당하기 위하여 헌금을 하고 교회의 종까지 떼어 군수물자를 만드는 데 보태 주어야 했다. 교회의 예배가 전쟁을 위한 도구가 되었던 것이다.

이러한 때 일본의 기독교 말살정책에 항거하여 믿음을 지킨 소수 사람들은 시대의 조류를 따르는 사람들로부터 냉대와 멸시 그리고 말할 수 없는 핍박을 받았다. 다수의 목사들과 교인들이 이러한 교인들을 광신자라고 조롱하며 교회 밖으로 내몰았다. 그러나 이러한 고난 중에도 고통받는 성도들 사이에서 한국 교회의 독특한 영성이 영글어 가고 있었다. 이러한 영성은 감옥에 계시던 세 분의 한국 교회 지도자들이 각각 강조하신 영성들의 결정체다.

주기철 목사는 일사각오一死覺悟의 신앙을 강조하셨으며, 주남선 목사는 지사충성至死忠誠을 가르쳤고, 한상동은 여주동행을 역설했다. 이렇게 맵고 질긴 신앙생활, 바로 이것이 조국의 해방을 기다리

---

1. 일본의 신사에서 섬기는 개국신인 '아마테라스 오미카미天照大神' 외에는 다른 신을 섬기지 않을 것을 맹세하는 의식.

며 순결한 조국 교회를 소망하던 신앙인들의 영성이었다.

감옥에서 기적적으로 몸이 나은 한상동은, 일본의 패망이 임박했음을 감지했다. 그리하여 그는 한국 교회의 미래를 위하여 세 가지 제목을 두고 기도했다. 첫째, 일본의 지배 아래서 양심이 마비되어 타락한 목사들이 수양하여 조선 교회의 앞날이 새롭게 출발하기를 기도했다. 둘째, 신학교를 설립하여 진리와 더불어 운명을 같이할 전도인을 기를 수 있도록 기도했다. 셋째, 이 전도인들이 전도하여 이 나라가 기독교국이 되도록 기도했다.

1945년 8월 17일, 그는 다른 옥중 성도들과 함께 평양 감옥을 나와 주기철 목사가 시무하던 평양 산정현교회를 담임했다. 그러나 해방의 기쁨은 오래가지 못했는데, 당시 점차 세력을 확대해 가고 있던 공산주의 세력의 탄압이 거세졌기 때문이다. 남북을 분단한 38선은 점점 더 굳어져 갔고, 결국 1946년 한상동은 38선을 넘어 남하했다.

새롭게 시작해야 할 해방 조국은 정치적으로, 사상적으로, 문화적으로, 경제적으로 그야말로 모든 분야에서 극심한 혼란을 겪고 있었다. 기독교계에서도 성도들 사이에 교회가 새로워져야 한다는 공감대는 형성돼 있었으나, 교권을 가진 목회자들 대다수가 일제에 종속하여 지내던 이들이다 보니 실행까지는 참으로 요원했다. 이런 상황에서 일제 치하에서 진리를 위해 투쟁하던 사람들은 또다시 교권주의자들과 대립해야 하는 고통스러운 역사를 겪어야 했다.

이 상황을 객관적으로 살피기 위해서는 한국 교회사를 연구하는 학자들의 글을 눈여겨보아야 한다.

제2차 세계대전 이후 히틀러에게 협조한 독일 교회 지도자들은 1945년 10월 슈투트가르트에 모여 나치스에 굴복하지 않고 정치로부터 교회를 독립시키기 위하여 투쟁한 사람들이 교회를 이끌어 가도록 스스로 자신들의 주도권을 넘겨주었다. 해방 후에도 여전히 기득권을 행사하려고 변신을 시도한 우리나라 교회의 지도자들과는 매우 대조적인 모습이 아닐 수 없다.[2]

신생 대한민국의 교회 갱신을 위해서는 무엇보다 먼저 신학교의 개혁이 시급했다. 그래서 한상동, 주남선은 뜻을 같이하는 동지들과 함께 부산에서 고려신학교를 시작했다. 고려신학교는 한상동, 박윤선이 중심이 되어 1946년부터 1960년까지 꾸준히 개혁주의 영성을 지닌 지도자들을 배출해 냈다. 그렇게 새 나라에 새로운 영성을 지닌 교회가 자라 가는 기반을 넓혀 갔다. 1960년 박윤선 박사가 학교를 떠나면서 잠시 어려움을 겪었다. 그러다 다행히 고려신학교가 배출한 학자들이 공부를 마치고 돌아와 가르치기 시작하여, 개혁주의를 표방한

---

2. 이상규, "이슈로 본 한국 교회사", 〈빛과소금〉(1997. 3.).

한국 교회를 위한 학교의 노력은 중단 없이 계속될 수 있었다.

한상동의 영향으로 한국에 새로운 교단이 창설되기도 했다. 감옥 생활을 하다 나온 성도들의 영성은 기성 목회자들의 영성과 충돌할 수밖에 없었다. 당시 한국 교회 전체에 충만해 있던 정서는, 한국 교회는 출옥성도들과 더불어 새롭게 시작되어야 한다는 것이었다. 적지 않은 목회자들과 평신도들이 과거의 죄를 회개하고 이 진리의 대열에 들어섰다. 이때 새 나라에서 시작되는 회개 운동을 '생명운동, 진리운동'이라고 불렀다.

그러나 조직체의 권한을 가진 다수의 교권주의자들은 일제 말기의 고통을 청산하는 데 매우 미온적이었다. 그들은 한국 교회의 정화를 주장하는 여론을 외면하고 이러한 주장을 하는 자들을 제외한 교회를 만들어 가려고 했다. 이런 혼란은 해방 후 6년이나 계속되었다. 그래도 한상동은 한결같은 의지로 한국 교회 안에서 한국 교회를 개혁하려는 노력을 계속하였다. 그러다 1951년에는 결국 한상동을 따르는 정화론자들이 장로교 총회에서 배제되는 상황에 놓였다. 이것이 해방 후 한국 장로교회에서 교회가 분립되는 최초 사건으로, '고려파'의 시작이다.

이후 총회는 설상가상으로 총회 밖으로 버려진 교회 성도들에게 그들이 사용하는 예배당에서 떠나라고 명령했다. 교회당 건물과 교회에 속한 재산이 소속 교인들의 것인가, 총회의 소유인가 하는 법적인 문제가 제기된 것이 바로 이때다.

한상동 목사는 교회 안에서 분쟁하는 것을 하나님이 기뻐하시지 않는다는 믿음으로 이 문제를 해결하고자 노력했다. 그리고 대부분의 성도들이 그를 지지함에도 초량교회당 건물을 총회에 내어주고 나와 삼일교회를 시작했다. 1951년 이 일은 당시 부산을 중심으로 세인들에게도 화제가 된 믿음의 대결단이었다. 대부분의 교인들이 그를 따라 나와 비를 맞으며 첫 예배를 드리던 엄숙한 시작은 주님만 바라보는 한상동의 영성에 성도들이 믿음을 같이한 결과였다. 한상동은 이 교회에서 은퇴할 때까지 22년을 목회하였다.

교권주의자들은 본래 그들이 목숨을 걸고 주장할 만한 영성이 없기 때문에 세월과 함께 조직체만 만들고 사라져 간다. 이 조직체는 이합집산離合集散을 거듭하였고 수많은 교단이 생겨났다. 이것이 조직체로서 한국 교회의 모습이다. 그러나 한국 교회의 영성은 다르다. 일제 말기 소수의 수난당한 성도들 사이에서 형성된 한국 교회의 영성은, 그리스도를 사랑하는 한국 교회 성도들의 불같은 마음이었다. 이는 광복 후 회개하고 새롭게 된 많은 목회자들의 것이며 풀뿌리 같은 평신도들의 신앙의 모습이다. 이러한 영성은 한국 기독교를 대표하는 신앙의 모습으로 모든 교단에 뿌리를 내렸고, 세월이 흐르면서 새롭게 시작하는 수많은 교회에 영향을 주었다. 나아가 새로운 시대의 삶에도 반영되어 오고 있다.

한국전쟁 이후 우리는 너무나 가난하고 무질서한 시대를 살았다. 자유당 시절 공무원, 교사, 군인들은 봉급만으로는 생활할 수 없을 만큼 어려웠다. 힘을 다하여 일해 받는 봉급이 살아가기에는 턱없이 모자랐던 것이다. 글을 쓰는 사람들은 이러한 삶의 상황을 부조리의 시대라고 표현했다. 인생은 목표를 잃고 날아가는 '오발탄'과 같다고 하던 시절이다. 이때 한상동은 교인들에게 이렇게 가르쳤다. "그래도 우리는 바르게 살아갑시다." 앞길이 꽉 막힌 것과 같은 환경에서도 교인들은 하나님을 따라 바르게 살아가면 길이 열릴 것임을 믿고 눈물로 결단하며 그를 따랐다. 이것이 고난 가운데서 아름답게 나타난 한국 교회 영성의 단면이다.

한국 교회가 과연 지사충성의 교회, 일사각오의 교회, 그리고 여주동행의 교회인가 하는 질문에 대하여 오늘날 성도들이 자신들의 현재 신앙생활의 깊이를 가지고 말한다면, 대답하기를 머뭇거릴 수도 있다. 그러나 그러한 영성을 추구하는 것이 옳은가 하는 질문에는 지금도 대부분이 그렇다고 대답할 것이다. 이것이 한국 교회의 성도들이 옳다고 믿고 지향하는 방향이다. 그래서 우리는 이것을 한국 교회의 영성이라고 부른다.

## 이 책의 구성과 특징

한상동의 영성의 핵심을 맛볼 수 있는 글들을 다섯 부분으로 엮었다. 1부에는 한상동 목사가 제일 강조한 하나님의 뜻을 알려 주는 글들이 담겨 있다. 2부에는 신사참배 반대라는, 시대의 고난 속에서도 잃지 않은 희망을 "바라고 소망하고"라는 제목으로 담았다. 3부에는 이 땅에서 어떻게 삶을 살아갈 것인지를 중심으로 글을 엮었다. 3부의 글 대부분은 지금까지 거의 해제되거나 소개되지 않은 한상동 목사의 친필 설교 대지에 기초하여 구성했다. 4부에는 고려신학교의 생성 및 발전과 관계 있는 자료를 모았다. 5부에는 일본 제국주의 식민 지배와 신사참배에 맞서 가장 선두에서 저항한 한상동 목사의 삶을 보여 주는 옥중기를 실었다.

여기 포함된 그의 설교는 대부분 자신의 설교를 위한 기초 자료로 기록해 놓은 것이다. 그래서 너무 간략하게 요약된 부분은 선문답처럼 느껴질 수도 있다. 그러나 독자들은 화려한 문체에 비하여 내용이 빈약한 글과는 전혀 다른 기쁨을 느끼리라 믿는다. 한상동의 글에서는 독자를 의식하거나 시장에 나갔을 때의 상품성을 고려한 흔적을 전혀 찾을 수 없다. 그는 하나님의 말씀을 그의 시대의 그의 교인들에게 선포하려고 했다. 그의 설교에는 당시 교인들에게 하나님을 가르치려는 뜨거운 마음이 배어 있다. 또 그가 설교를 통해 교인들을 위로하려 했던 사랑이 가득 묻어난다.

이 책에 실린 그의 글에는 '죄'라는 단어가 212회나 나온다. 인간의 죄에 대한 문제를 그가 설교에서 제일 중요한 문제로 다루었음을 알 수 있다. 그의 설교의 중심은 사죄의 은총과 사죄함을 받은 사람의 경건한 생활에 있다. 그것은 그리스도의 복음이며 그리스도의 은혜 아래에 있는 생활이다. 이것은 그가 실험적으로 살아가며 구체적으로 발견한 인생관에 근거를 두고 있다. 그는 이러한 삶의 내용을 '믿음의 세계'라고 표현한다.

그는 '세계'라는 말을 즐겨 사용하는데, 그가 쓰는 '세계'에는 영역, 범위, 집단 등의 뜻이 담겨 있다. 본문에서 예를 들어 보겠다.

그보다 우리는 영적 세계, 장차 오는 세계를 위하여 싸웁니다. 다시 말하면 영적 세계는 육이 아니니 추운 것도, 더운 것도, 주림도, 목마름도, 풀무불도, 사자굴도 아닙니다. 하나님의 세계는 그런 세계가 아님을 이 세상에서 보여 주신 것입니다. 그것이 영적 세계의 산 증거입니다. 고로 영적 세계가 나의 소유가 되도록 싸우는 것이 신자의 세계인 것입니다.

그에게서 가장 주목할 표현은 바로 '믿음의 세계(신앙 세계)'다. 이것은 그가 경험하여 알고 있는 확신의 영역이다. 그래서 그의 기도의 시작은 그것이 공적이든 사적이든 '사랑하는 주님'이다. 믿음으로 살아갈 때 전혀 새로운 삶이 있음을 그는 삶 자체로 보여 주었다. 그를 따르는 신자들은 바로 이와 같은 그의 삶의 모습을 흠모한다.

## 새 시대에 걸맞은 여주동행의 영성을 기다리며

21세기를 시작하는 한국 교회는 이러한 영성을 과거보다 더욱 절실히 필요로 한다. 과거에는 고통과 혼란을 겪는 한국 상황에서 교회를 바로 세우기 위하여 이러한 영성이 필요했다. 그리고 그들의 삶으로 인하여 한국 교회는 실천적으로 나타낼 수 있는 우리의 신앙고백을 갖게 되었다. 물론 성문화하여 글로 남긴 것은 아니나 이는 한국의 성도들에게 실천적으로 나타났던 믿음이다.

그러나 지금 한국 교회에 요구되는 영성은 전혀 다른 차원이다. 그것은 세계 복음화의 책임을 감당할 수 있는 영성이다. 그래서 지금 우리에게 과거의 영성에 대한 깊은 이해가 더욱 절실히 필요한 것이다. 옛날 한국 교회가 가난하게 살던 시절에 가지고 있던 그 영성을, 좀더 여유로워진 지금은 더욱 구체적으로 가지고 있어야 한다. 하루 24시간, 의식이 있는 모든 순간 우리의 생각을 하나님 생각으로 채워야 한다. 그런 생활이 바로 한상동의 믿음의 세계였다. 이것을 생활로 가르칠 수 있을 때 한국 선교는 세계 선교에 남다른 기여를 할 것이다.

한상동의 여주동행의 영성, 이것은 "보라 세상 끝 날까지 항상 내가 너희와 함께 있으리라"라는 말씀에 대한 확신이며 순종이다. 이것은 일상에서 경험할 수 있는 구체적인 그리스도 체험에 대한 말씀이다. 그리스도 안에 있는 하나님 나라의 경험이다. 이제 우리에게 필요한 것은 눈으로 보는 것이다. "내가 주께 대하여 귀로 듣기만 하였삽더니 이제는 눈으로 주를 뵈옵나이다. 그러므로 내가 스스로 거두어들이고 티끌과 재 가운데에서 회개하나이다(욥 42:5-6)".

욥은 이제 더 부자가 되어서 하나님을 더욱 사랑하게 되었다. 물질적으로 부자가 된 한국 교회의 영성 또한 욥과 같이 자라야 할 것이다.

교회의 성도들은 더욱 골방 깊이 들어가야 한다. 성도들은 이 시대의 아픔을 품고 그리스도와 '영교靈交', 즉 영적 교제를 해야 한다. 이 시대 만물 또한 하나님의 아들들이 나타날 것을 고대하고 있다. 이 시대는 이미 그들을 잉태하여 해산의 수고를 하고 있다. 우리는 이 책에서 이러한 영성의 냄새를 맡게 된다. 이 책에는 감옥의 냄새가 있고 피의 냄새가 있으며, 그리스도의 영광스러운 임재를 경험하는 희열이 있다.

우리는 포스트모더니즘이라고 하는 가치관 혼란의 시대를 살아가고 있다. 오늘날 사람들은 절대적인 진리를 믿지 않는다. 도덕적 윤리의 절대적인 규범을 인정하지 않는다. 하나님의 뜻을 그저 상대적인 진리로 받아들인다. 이러한 시대에 한국 교회는, 복음으로 온 세상을 섬긴다. 복음은 사람들 앞에 능력으로 나타나야 한다. 이렇게 도전을 받는 지금, 한국 교회는 그들이 가진 영성을 늘 잃지 않고 자신을 돌아보아야 한다. 그리고 이러한 사명을 띤 한국 교회를 위하여 이 책이 한국 교회 영성의 단서를 제공할 것이다.

일러두기

1. 이 책은 한상동 목사가 남긴 설교, 신문과 잡지 기고문, 육성 설교 테이프, 친필 설교
   (《수서본 설교집》)에 근거하였다. 특히 2,600여 쪽에 이르는, 한상동 목사가 직접 쓴 설교
   는 그의 신앙을 잘 보여 주는 자료다.
2. 원전의 맛을 살리기 위해 본문의 성경 인용은 한상동 목사가 사용한 그대로 옮겼다. 그
   의 성경 인용이 오늘날의 개역개정 성경과 많이 다를 경우 성경 본문을 덧붙였으며, 인
   용 출처가 잘못된 곳은 엮은이가 교정했다.
3. 한자나 옛말은 가급적 원문 그대로 남겨 두었으며, 이해를 돕기 위해 한자를 함께 표기
   하거나 ( ) 안에 보충설명을 했다. 원저자의 설명은 [ ]으로 표기하여 구분하였다.
4. 원전의 의미를 변화시키지 않는 범위에서 엮은이가 조사 등의 보조어를 첨가했으며, 본
   문의 모든 문체를 경어체(습니다)로 바꾸었다.

# 1. 하나님의 뜻과 사람의 뜻

韓國基督敎指導者講壇說敎

# 하나님의 뜻 사람의 뜻

사람들은 언제나 자기주장과 자기 고집을 앞세워 나가기를 원합니다. 자기주장이나 자기의 생각이 옳고 나쁜 것은 뒤로하고 우선 주장부터 해 놓고 보자는 심산입니다. 왜 사람들은 이렇게 잘못된 사고방식을 갖고 있는 것일까요? 여기에 대한 해답은 성경만이 정확하게 보여 줍니다. 성경은 사람의 죄성罪性이 이런 잘못된 요소를 갖고 왔다고 말합니다.

사단은 처음 하와를 유혹할 때 "이 선악을 알게 하는 나무의 열매를 따먹는 날에는 눈이 밝아 하나님과 같이 된다"고 하였습니다. 사단의 말은 듣고 하나님의 말씀은 외면한 첫 아담은 엄청난 죄의 결과를 가져오게 되었습니다. 그 후 사람들은 언제나 하나님 위에 앉게

된 것입니다. 그리하여 자신의 생각은 언제나 옳고, 자기의 주장은 바르다고 생각해 온 것입니다. 이 얼마나 모순된 인생입니까? 사람의 생각은 결코 바를 수도 없고 옳을 수도 없는 것입니다. 왜냐하면 사람은 전적으로 부패하였기 때문입니다.

우리 기독 신자들은 자기 생각, 자기 주장, 자기 뜻을 생각하기 전에 먼저 하나님의 뜻, 하나님의 말씀을 생각해야 합니다. 그 이유는 이것이 인간으로서 가장 바른 사고방식이요, 인간의 후회 없는 처사요, 행복한 길이기 때문입니다. 기독 신자에게 소원이 있다면 이는 하나님의 뜻을 이루는 일입니다. 예수님도 그의 소원이 하나님의 뜻을 이루는 일이었음을 보여 주셨습니다.

겟세마네 동산의 기도가 바로 그것입니다. 그리고 유대인을 향한 예수님의 설교에서도 이 일을 분명하게 설명하고 있습니다. 예수님께서 이 세상에 오신 목적도 바로 하나님의 뜻을 행하려는 데 있었습니다. 그러므로 우리 기독 신자들 또한 하나님의 뜻을 가장 중요하게 생각해야 하지 않겠습니까? 하나님의 뜻을 행하는 일이 우리 생의 목적이기 때문입니다.

그러나 기독 신자들 중에도 하나님의 뜻보다 자기 뜻을 앞세우고 여전히 자기 생각이나 주장만 내세우는 이들이 있습니다. 그런 모습을 보노라면 유감스런 마음을 금할 길이 없습니다. 신자가 신자 된 것은 하나님의 뜻을 이루기 위함인데 그 기본적인 목적마저 잊은 모습은 한심하기 짝이 없습니다. 신자들이 자기 생각이나 주장, 뜻을 이루기 위해 수단과 방법을 가리지 않다가 시험에 빠지는 모습을 종종 봅니다. 설령 이루어진다 하여도 자신에게나 남에게나 하나님 앞에 아무런 유익도 없는 자기의 뜻을 대체 무엇 때문에 고집하며 이루려는 것일까요? 그 이유는 간단합니다. 부패한 죄성 때문입니다.

인간은 하나님의 권고해 주심이 없이는 이 부패한 죄성의 노예가 되고 맙니다. 이것은 망하는 길입니다. 그러므로 늘 기도하며 육신의 생각과 욕심을 죽여 나가야 합니다. 인생은 별것 아닙니다. 인간은 짧은 삶을 살다가 떠나가는, 하나님의 피조물에 불과합니다. 그러기에 이 세상에 사는 동안 성실하고 겸손하게 하나님의 뜻을 생각하며 자기의 뜻을 포기하고 살아가야 하지 않겠습니까?

인생이 인생으로서의 생의 가치를 갖기 위해서는 자기의 뜻을 포기하고 하나님의 뜻을 존중히 여기며 살아야 합니다. 그리고 인생이 숭고한 인생 본연의 모습을 갖추길 원한다면, 자신이 밑지고 손해를 보더라도 하나님의 영광을 위하고 이웃을 위하는 일이 있다면 그 일을 지향해 나아가야 합니다.

사실상 우리 기독 신자들이 자신의 생각이나 뜻을 포기하고 하나님의 뜻만을 위해 살아가기에는 너무나 장애가 많고 어려움이 많습니다. 그러나 이 어려움과 장애를 극복하고 하나님의 뜻을 위해 살려 하는 것에 생의 보람이 있는 것입니다.

우리 기독 신자 모두는 항상 자신을 깊이 생각하고 반성하는 시간을 가져야 합니다. 그리하여 자신의 뜻이나 주장은 포기하고 하나님의 뜻만을 생각할 때 교계나 국가가 더 밝고 평화롭게 될 것으로 확신합니다.

〈고신대신문〉(1975. 3. 15.)

# 하나님의 일과 우리의 신앙[1]

요한복음 5장 1-48절

본문 17절에 "내 아버지께서 이제까지 일하시니 나도 일한다"는 말씀이 있습니다. 하나님은 베데스다 못가의 38년 된 병자를 낫게 해 주셨을 뿐 아니라 지금도 일하고 계십니다. 그래서 제목을 "하나님의 일과 우리의 신앙"이라 정하고 생각해 보고자 합니다.

## 1. 하나님의 일과 우리의 신앙

### (1) 하나님은 과거에 무슨 일을 하셨는가?

---

1. 1961년 1월 24일 진주교회당에서 황철도 목사님의 회갑 및 진주교회 근속 12주년 기념예배 때 전한 설교.

창세기 1장에 보면 "하나님이 천지를 창조하셨다"고 기록하고 있습니다. 하나님이 천지를 창조한 그때 우리는 존재하지 않았습니다. 설사 그때 우리가 있었다 한들 그 창조에 간섭할 수 없었을 것이며 도울 수도 없었을 것입니다. 우리는 그 창조와 아무 관계가 없습니다. 우리는 그 창조에 관해 다만 믿을 뿐입니다. 하나님이 일하신 것에 대해 우리는 믿을 뿐입니다.

하나님은 창조에 무관한 우리에게 단지 믿으라고만 하셨습니다. 그 이유는 무엇입니까? 그것은 '경외하는 마음'입니다. 인생은 인공위성을 하나 만들어도 위대하다고 머리를 숙입니다. 천지창조를 확실히 믿는 자는 하나님을 경외하지 않을 수 없습니다. 하나님의 일을 믿는 믿음 안에는 자연히 그분을 경외하는 마음이 생기기 때문에 신앙을 요구하는 것입니다. 이처럼 하나님의 일과 우리의 신앙은 불가분의 관계입니다.

(2) 하나님은 지금 무엇을 하고 계시는가?

하나님은 창조하셨을 뿐 아니라 다스리십니다. 태양의 주위를 지구가 돌고, 지구 주위에는 달이 돌고 있습니다. 모든 천체天體는 궤도를 따라 규칙을 어기지 않고 돕니다. 이렇게 하나님은 다스리고 계십니다. 이 다스림에 인간은 간섭할 수 없습니다. 다만 믿을 뿐입니다.

여기에도 우리가 생각할 것이 있습니다. '하나님이 우주를 통치하시면 했지 관계할 수 없는 우리들이 믿을 필요가 있는가?' 하는 것입니다. 하나님은 창조하신 것을 또한 통치하십니다. 따라서 인생의 모든 일체도 통치하십니다. 천체뿐 아니라 인생의 모든 것을 통치하신다는 것을 믿을 때, 인간은 하나님께서 조금도 도법道法(도리와 법도)을 어기시지 않는다는 것을 알게 되고, 믿게 됩니다.

인간은 경험을 통해 성숙해진다고 합니다. 그런데 인간은 성경대로 6천 년 동안 성공과 실패를 경험해 왔습니다. 이만하면 성공과 실패의 비결을 알았을 것입니다. 성공의 비결을 6천 년 동안 닦아 온 인간이 이제는 성공만 가져와야 할 터인데 실상은 그렇지 않습니다. 다가오는 실패를 어이할 수 없는 것이 현실입니다. 인간이 모든 지력知力을 경주해 왔지만 현재도 번민 중에 있습니다. 6천 년 후인 지금도 그 자리에 있고 미래도 그러할 것입니다.

오늘은 성공으로 환호하지만, 내일 언제 실패가 임할는지 모릅니다. 하나님의 법은 어김이 없습니다. 인생이 성공하고 권세를 가지면 이것으로 범죄하는 일이 많고, 재산이 많으면 그것으로 죄를 짓는 일이 많으니 하나님께서 그대로 두시지 않습니다. 성도가 매를 맞으면 나와서 회개하니 실패를 주시지 않을 리가 없습니다. 이처럼 하나님은 인간에게 성공하는 것만 주시지는 않습니다. 인간이 실패하지 않겠다 해도 하나님의 손이 나타나실 때는 할 수 없는 것입니다.

하나님이 보시기에 의로운 욥도 그에게 임하는 실패를 어찌할 수 없었습니다. 그러므로 욥은 "주신 자도 여호와시요, 취하신 자도 여호와시니 여호와의 이름이 찬송을 받으실지니라"라고 찬송할 수밖에 없었습니다. 그뿐만 아니라 하나님의 통치를 생각할 때 믿지 않을 수 없었던 것입니다. 하나님의 법을 어길 수 없다는 믿음은 하나님이 다스린다는 것을 믿을 때 생겨납니다. 또한 하나님이 다스린다는 것을 믿을 때 하나님의 법을 어길 수 없다는 것을 믿을 수밖에 없습니다.

## 2. 하나님의 다스림을 믿는 자의 생활

하나님은 선악에 대한 통치를 위해 자연법을 초월한 권능으로 행하십니다. 십계명에 보면, 하나님의 법을 거역한 자에게는 그 죄를 3, 4대까지, 순종한 자에게는 은혜를 수천 대까지 미치게 하겠다고 하셨습니다. 즉 순종하는 자에게는 특별한 은혜를 베풀어 주시는 것입니다. 하나님은 악을 제하시는 일에도 불을 내려 소돔과 고모라를 불태우심으로 초자연적으로 나타내셨고, 모세를 통해서는 홍해를 가르셨습니다.

하나님은 선악을 위해서 언제나 자연의 힘으로 임하십니다. 악을 행할 때에는 실패를 안 하려야 안 할 수 없고, 선을 행한 자에게는 풀무불의 힘도 그 앞길을 막을 수 없습니다. 선행자는 담대하고 용감합니다. 이것을 믿는 사람은 모든 국가와 민족이 밀려올지라도 강하게 걸어갈 수 있습니다. 참으로 담대히 걸어갈 수 있는 자는, 창조주요 통치자이신 하나님을 믿는 자입니다.

'여호와의 하시는 일과 우리의 신앙', 하나님은 그가 하시는 일을 믿는 자를 통해 역사하십니다. 그리고 우리의 신앙을 통해 우리는 하나님이 믿는 자를 통해 일하신다는 것을 믿고 있습니다. 또한 하나님은 '착한 일에도 악한 일에도 하나님은 절대이시다'라는 사실을 믿는 사람을 통해 일하십니다.

하나님은 모세에게 이스라엘을 애굽에서 구원하는 일을 맡기실 때 무조건 맡기지 않으셨습니다. "미디안으로 가라." 그는 믿고 갔습니다. "지팡이를 던져라." 뱀이 되었습니다. 다시 잡으니 지팡이가 되었습니다. 이 모든 것이 그에게 신앙을 가져왔습니다. 그리하여 여호와의 능력을 완전히 신뢰하게 되었을 때 마침내 그는 애굽으로 갔습니다. 이처럼 하나님은 믿는 자를 통하여 역사役事하십니다.

교역敎役(교회의 모든 사업과 일)이란 그 신앙을 통하여 하나님이 하시는 것임을 저는 60평생에서 30여 년간 분명히 보았습니다. 여호와가 하시리라 믿으며 그대로 걸어온 걸음은 결단코 평안한 걸음만은 아니었습니다. 그러나 어려운 걸음을 걸을 때일수록 여호와가 일하신다는 확신은 더욱 깊이 다가왔습니다. 우리의 여생이 등불이 되어 과거보다 더욱 자신의 존재를 숨기고 여호와의 살아 계심을 보여 줄 수 있게 되기를 원합니다.

마지막으로 지금까지 겪어 온 고난보다 남은 고난이 더욱 클 것이
라는 말씀을 남깁니다. 앞날의 걸음이 평탄치만은 않을 것입니다. 무
릎이 닳도록 꿇어야 할 일, 한없이 눈물을 흘려야 할 일을 각오해야
할 것입니다.


〈파수군〉 101호(1961. 2.)

## 지극히 작은 자

마태복음 25장 31-46절

마지막 심판 날에 의인과 악인을 구별하여 의인은 영원한 즐거움에 참여케 하며, 악인은 영벌永罰에 들게 할 것을 주님은 말씀하셨습니다. 그런데 그 두 부류를 가르는 방법으로 의인들에게 칭찬하시기를 "지극히 작은 자에게 행한 것이 곧 내게 행한 것이니라"고 말씀하셨습니다.

본문에서 주님은 지극히 작은 자를 주님 자신과 같이 생각하셨습니다. 그러면 지극히 작은 자란 도대체 어떠한 사람을 두고 하시는 말씀입니까? 지극히 작은 자라 하니 걸인들을 두고 하는 말씀입니까? 뭘 좀 주지 않는다고 남을 괴롭히고 억지를 부려 기어이 얻어 가는 그러한 걸인을 두고 하는 말씀입니까? 주지 않을 때 욕설을 퍼붓고 달아나는 그러한 걸인을 두고 지극히 작은 자라 말씀한 것입니까? 지극히 작은 자는 누구입니까?

### 1. 주님이 인정해 주시는 자

지극히 작은 자란 주님께서 인정해 주시는 믿음 있는 성도를 두고 하신 말씀입니다. 주님을 위해서 가난해진 사람, 주님을 위하여 높은 자리나 귀한 자리를 내어놓는 사람을 지극히 작은 자라 하셨습니다. 주님을 위해 집이나 전토田土나 가족을 잃은 사람을 말합니다. 주님 때문에 형제나 부모에게 미움을 받고 쫓겨난 사람은 지극히 작은 자입니다. 주님의 이름으로 헐벗고 굶주린 자는 지극히 작은 자입니다. 주님을 믿는 믿음을 더럽히지 않기 위해 감옥에 들어가고 매를 맞아 병든 사람은 지극히 작은 자입니다. 주님은 이러한 사람이 대접받는 것을 주님 자신이 대접받는 것같이 인정해 주셨습니다.

우리 자신이 지극히 작은 자가 되어야겠습니다. 나 자신이 지극히 작은 자라 생각하고, 지극히 작은 자의 생활을 해야겠습니다. 무엇보다 주님을 의지하는 믿음이 두터워져야겠습니다. 주님만을 위하여 살아야겠습니다. 자신을 위해 사는 생은 이 세상에서 끝나지만 주님을 위해 사는 생은 내세에 보상이 있습니다.

## 2. 주님만을 상대하여 사는 자

지극히 작은 자는 주님을 표준으로 사는 사람입니다. 성도의 표준은 하나님께 있어야겠습니다. 하나님을 상대하여 살아야 합니다. 언제나 하나님과의 관계를 바르게 하며 살아야 합니다. 하나님과 상대하여 사니 자신이 지극히 작은 자라 할 수밖에 없습니다. 우리의 신앙 표준은 하나님께 있습니다.

하나님은 자존자自存者이십니다. 그러나 인생은 의존자依存者입니다. 하나님은 아무것도 없어도 살 수 있지만, 인생은 그 무엇 하나라도 없으면 살 수 없습니다. 이러하니 하나님 앞에서 나의 존재는 너무나 작은 자가 아니겠습니까? 사람을 상대하지 말고 하나님만 상대하여 살아가십시다. 변명은 하지 맙시다. 내가 참으면 하나님께서 해결해 주십니다. 하나님만 바라보고 하나님만 의지하십시다. 신앙생활은 절대 인간을 보고 해서는 안 됩니다. 인간이 나를 어떻게 생각하는지는 문제가 아닙니다. 하나님께서 나를 어떻게 인정하시는지가 중요합니다. 하나님 앞에서 진실되게 살아가야 할 것입니다.

참고 살아가십시다. 주님만 상대하며 살아가십시다. 그러한 사람이 지극히 작은 자입니다. 신앙생활의 길은 참 어려움이 많습니다. 그 어려움은 교회 밖의 불신자로부터 오는 것도 있으나 교회 안에서 성도들로부터 오는 시험과 어려움이 더욱 많습니다. 이것을 잘 참고 나아가야 합니다.

어느 교회에 믿음 좋은 목사님이 있었습니다. 어느 날 그 교회 집사가 잘못한 일이 있어 책망을 하였더니, 책망받은 집사는 목사에게 앙심을 품고 복수를 계획하였습니다. 어느 날 밤 그 집사는 부인과 함께 의논하여 목사 집을 찾아갔습니다. 울타리 밖에서 목사의 방을 살폈습니다. 불이 켜져 있었습니다. 아마 그 목사는 혼자 사는 모양입니다. 부인이 없는 목사였던 모양입니다. 밤이 이슥하도록 집사 부부는 목사가 밖으로 나오기만을 기다렸습니다. 아니나 다를까, 목사가 변소에 가기 위하여 밖으로 나왔습니다. 변소에 들어간 틈을 타서 집사는 자기 부인을 방으로 들여보냈습니다. 부인은 들어가서 불을 꺼 버렸습니다. 얼마 후 목사가 방으로 들어갔습니다. 그때라고 생각한 집사는 밖에서 고래고래 고함을 쳤습니다. 자기 부인을 욕하면서 목사를 불렀습니다. 자기 부인이 오지 않았느냐고 했습니다. 집사는 이어 방으로 뛰어 들어가 불을 켜게 했습니다. 이불 속에는 자기 부인이 잠옷 바람으로 누워 있지 않겠습니까? 집사는 목사를 비난했습니다. 목사라는 자가 남의 가정 부인을 유혹했다는 둥 자기는 그러면서 남을 책망했다는 둥 온갖 소리를 다했습니다. 이 소동에 이웃 사람들이 잠이 깨어 찾아왔습니다. 웅성웅성 비난의 소리가 들렸습니다. 그렇게 한바탕 수라장을 벌여 놓고 집사 부부는 집으로 돌아갔습니다.

그런데 이 목사는 얼마나 마음이 쓰리고 아팠겠습니까? 밤에 잠을 이루지 못하고 꼭두새벽이 되어 성경 찬송을 들고 산으로 올라갔습니다. 목사는 자신이 살길은 하나님 앞에 매달려 애걸하는 길밖에 없음을 알고 기도했습니다. 식음을 전폐하고 기도했습니다. 일주일이 지나도 목사의 모습은 나타나지 않았습니다. 온 교회가 소동이 났습니다. 더욱이 책망받은 집사 내외는 속이 탔습니다.

한편 목사는 하나님께서 이 문제를 해결해 주시지 않으면 산에서 내려가지 않을 것을 결심하고 부르짖었습니다. 하나님께서 책망받은 집사 부부를 감동시키셨습니다. 그들은 더 괴로워 참을 수가 없었습니다. 필시 산으로 기도하러 간 줄 알고 산을 찾았습니다. 목사를 만나 잘못을 회개했습니다. 목사는 모든 잘못을 용서해 주고 기쁜 찬송을 부르며 내려왔습니다.

누명을 덮어썼지만 하나님께서 해결해 주셨습니다. 도리어 그 일로 인하여 하나님께서 그를 높여 주셨습니다. 이것이 신앙의 세계입니다. 신앙 세계에서는 이러한 놀라운 일이 일어납니다. 우리의 생활은 언제나 하나님을 상대하여 사는 생활이 되어야 합니다. 하나님과 나를 비교할 때 나는 얼마나 작은 자입니까? 하나님 앞에서 나는 지극히 작은 자임을 알아 겸손히 생활하여야 할 것입니다.

## 3. 자기가 죄인인 줄 아는 자

만물이 다 죄를 범하지 않았지만 인생은 죄를 범했습니다. 죄를 범한 인생은 더러운 존재입니다. 그러나 거짓된 인생은 죄인이면서 죄인이 아니라고 부정합니다. 자기는 아무런 잘못도 없다고 합니다. 자기는 죄인이 아니라고 합니다. 남의 허물은 볼 줄 알면서 자신은 허물이 없는 것처럼 말합니다. 사람은 사람을 바라봅니다. 다른 사람과 비교를 해 봅니다. 그러니 자기는 죄가 없다고 생각하는 것입니다. 사람과 비교하니 너나 나나 별수가 없지요. 그러나 성도는 주님을 표준으로 해야 합니다. 주님과 비교할 때 나는 죄인이 아닙니까? 하나님을 바라볼 때 나는 죄인이 아닙니까?

하나님 앞에 우리의 모습을 내어놓고 보면 우리는 자랑할 것 없고, 더러운 죄인입니다. 하나님 앞에 고개 숙이고 엎드리면 우리는 더없이 더러운 존재입니다. 하지만 자기가 죄인인 줄 알아 주님 앞에 낮아질 때 주님은 사랑하십니다. 이러한 사람이 지극히 작은 자입니다. 지극히 작은 자를 하나님은 붙들어 주십니다. 하나님께서 나를 붙들어 주심을 알 수만 있다면 얼마나 복된 일입니까?

## 결론

지극히 작은 자는 어떤 사람입니까? 주님께서 인정해 주시는 믿음 있는 사람입니다. 주님께서 인정만 해 주신다면 참 귀한 사람인 것입니다. 기독 신자의 표준은 언제나 하나님께 있습니다. 하나님 앞에 겸손히 살아가십시다. 하나님 앞에서 우리는 다 죄인입니다. 사람을 바라보지 말고 하나님만 바라보며 살아가십시다. 지극히 작은 자를 주님은 귀하게 여기십니다.

지극히 작은 자에게 행한 것은 곧 주님께 행한 것이라고까지 말씀하셨습니다. 이와 같이 주님 자신이 대접받는 것 같은 그러한 생각을 가진 사람이 되도록 삼가 자신을 살피며 살아가십시다.

나는 지극히 작은 자라서 겸손히 자신을 포기하며 사는 사람이 오늘도 교회에 필요하고 나라에 필요하고 세계에 필요합니다. 이러한 사람이 있는 곳에는 말썽이 없고 언제나 은혜가 충만합니다.

1960년 2월[1]

---

1. 《신앙 세계와 천국》(1970).

# 주님의 슬하에 있는 생활

시편 23편, 이사야 43장 1-2절

성경에는 임마누엘이라는 말이 몇 번 나옵니다. 마태복음 1장 23절에 "보라 처녀가 잉태하여 아들을 낳을 것이요 이름은 임마누엘이라 하리라"고 했습니다. 임마누엘이란 말은 무슨 뜻입니까? 성경은 해석하기를 "하나님이 우리와 함께 계시다"라고 했습니다.

과연 주님은 33년의 생애 동안, 신神이시나 화신化身(인간의 육신을 입어 인간이 됨)하여 인간으로 더불어 우리와 같이 계셨습니다. 주님은 세상에서 사시다 승천하실 때에도 "내가 세상 끝 날까지 너희와 항상 함께 있으리라"[마 28:20]는 말씀을 최후로 남기셨습니다. 그 말씀대로 사도행전 전부는 주님께서 사도들과 함께하신 중에 이루어진 사실의 기록입니다[행 18:10]. 그뿐 아니라 그때부터 오늘에 이르기까지 형성

된 교회사 전편은, 주님이 성령으로 모든 성도들과 같이 계시는 중에 이루어진 사실들로 가득 차 있습니다.

주님 당시부터 시작된 격렬한 박해는 세상 사람들이 이제 기독교는 땅 위에서 정체를 감출 것이라는 느낌을 가질 만큼 기독교에 치명적 손실을 주는 듯했습니다. 그러나 주님은 자기가 사랑하는 성도들을 잠시도 떠나지 않고 그 든든한 날개 아래 보호하셨으므로 오늘까지 주님의 몸 된 교회는 자꾸자꾸 진전하는 것입니다. 기독교 역사 자체는 우리 교회 중에 살아 계신 신이 계심을 변증적으로 자증自證하는 것입니다.

이야기 하나 하겠습니다. 어느 목사님 한 분이 타 교회 부흥회를 인도하기 위하여 길을 떠났습니다. 목사님께서 가방을 들고 양복을 입고 길을 가니 돈을 많이 가진 부자로 알고 어떤 악의를 품은 도적이 목사님 뒤를 따라갔습니다. 아무것도 모르는 목사님은 길만 재촉하여 갔고, 도적은 목사님을 앞질러 인적 없는 곳에 숨어 있었답니다. 목사님에게 강도 행위를 하려고 기다린 것입니다. 그러나 막상 목사님이 그 지점에 이르렀을 때는 악의를 행할 수 없는 이상한 광경이 목사님의 신변에 나타났습니다. 목사님의 뒤를 이어 어떤 광채 찬란한 위엄 있는 이가 한 분 따르고 있었던 것입니다. 그 강도는 그 광채와 위엄에 눌려 강도 행위는 물론 그 얼굴조차 똑바로 바라볼 수 없었습니다.

강도는 무척 두려웠습니다. 하지만 한편으로는 퍽 흥미로운 일이라 생각하고 인가 근처까지 미행을 계속했습니다. 그랬더니 이번에는 놀랍게도 조금 전까지 목사님의 뒤를 따르던 그 광채 찬란한 분은 홀연히 사라지고 목사님 혼자만 걸어가고 있었습니다. 도적은 더욱 이상한 생각과 호기심이 생겨 끝까지 목사님을 따라갔고 부흥집회에도 참석했습니다. 목사님의 설교를 다 들은 도적은 부흥회가 끝난 뒤에 조용히 목사님을 만나 자신의 악한 행위에 대하여 고백했습니다.

목사님은 그 광채 찬란한 분은 주님이었나 보라고 설명했습니다. 도적은 회개하여 새사람이 되었습니다. 목사님은 이 사실을 집회 때 이야기하면서 주님께서 함께하시어 험로險路에서 지켜 주심을 감사했습니다. 듣고 있던 일반 신자들도 크게 감동을 받았으며, 그 부흥회는 실로 큰 은혜가 되었다고 합니다.

사랑하는 성도 여러분! 우리는 알지 못하나 주님은 언제나 우리와 같이 계십니다. 또한 같이 계시기를 원하십니다. 가령 어떤 사람이 그 만년晩年에 고적孤寂(쓸쓸하고 외로움)을 풀기 위하여 또는 자기 대를 잇기 위하여 남의 자식을 데려오려고 할 때 장성한 자식을 데려오는 것보다 갓 난 젖먹이를 데려오는 것이 매우 좋습니다. 그것은 갓난 어린것들을 기르기에 무한한 노력을 들이면 들이는 만큼 그 자식에 대한 애정이 두터워지기 때문이지요. 또한 아무리 자기가 낳은 자식이라도 유모의 손을 거쳐 기른 아이는 부모에게 정이 없음을 보아 이 사실은 진정이 아니겠습니까?

우리 주님은 우리를 당신의 자녀로 만드시기 위해 얼마나 많은 수고와 노력을 하셨습니까? 당신의 귀한 살을 찢고 그 피를 쏟아 그 생명을 희생으로 드려 우리를 구하신 것이 아닙니까? 이렇듯 무한한 정력을 들여 얻어 놓은 자녀요, 친구를 주님께서 일조일석—朝—夕(하루 아침과 저녁의 짧은 기간)에 모른다고 또는 귀하지 않다고 박대하시거나 내버려 두실 리가 있겠습니까? 주님은 차마 우리 곁을 떠나실 수 없는 것입니다. 이제 우리는 그와 같이 우리와 함께 계시기를 원하며 기뻐하시는 주님을 모시고 그 슬하에서 생활하자는 것입니다. 그러기에 필요한 일은 무엇이며, 또한 그를 좇아 얻어지는 유익은 무엇이겠습니까?

**1. 주를 모신 생활은 우리로 하여금 죄에서 떠나게 합니다.**

전 인류가 죄악으로 인해 고통당한다는 사실은 누구나 긍정하는 일입니다. 그래서 우리는 그 고통을 가져오는 죄악을 가급적 멀리함으로써 화를 면하려 합니다. 이것은 또한 신자의 소원 가운데 하나입니다. 일찍이 바울 선생님도 "이제는 이것을 행하는 자가 내가 아니요, 내 속에 거하는 죄니라"[롬 7:17], "오호라 나는 곤고困苦한 사람이로다"[롬 7:24] 하는 패배의 노래를 부르셨습니다.

만일 우리 중 악에서 떠나 선을 행하려는 간절한 생각과 노력을 하여 본 이가 있으면, 그는 곧 바울의 탄식한 바에 동정함과 동시에 위로를 받지 않을 수 없을 것입니다. 바울 같은 고귀한 사도라도 죄악의 강습强襲(호된 공격)을 탄식하였다면 오늘 우리가 어떻게 죄에서 완전히 떠날 수 있겠습니까? 그러나 그와 동시에 주님이 우리와 함께 계시다는 인식이 명확해질 때 우리는 어찌 감히 악한 생각인들 일으킬 수 있겠습니까?

곁에 있는 사람을 두려워하여 죄를 범치 못하는 인간들이여! 그대들은 마땅히 생각할 것입니다. 표면만을 보는 인간보다 인간의 중심을 살피시는 주님이 내 곁에 계신 것을 마땅히 기억할 것입니다. 우리가 참으로 이를 인식한다면 표면으로 나타나는 죄는 물론 마음속에 어찌 죄를 가질 수 있겠습니까? 우리의 영안靈眼이 어두워 우리와 같이 계시는 주님을 보지 못하므로, 죄의 마음을 품게 될 뿐 아니라 범행하는 데까지 이르는 것입니다.

죄와 고통은 이상한 관계를 가지고 있습니다. 사람이 일단 죄를 범하였으면 그로 인해 정도에 따라 양심에 고통을 받든지, 그렇지 않으면 육체적으로나 물질적으로 고통을 피할 수 없습니다. 이 인과의 법칙은 불신 사회에서도 그러하거니와 더욱이 신자에게는 심각한 느낌을 줍니다.

사랑하는 부모 자매 여러분! 여러분은 이 원수인 죄에서 멀리 떠나기를 바라십니까? 사랑하는 예수님을 모시고 그 슬하에서 생활하십시다. 이것이 죄악을 멀리 쫓는 유일한 방법인 것입니다.

## 2. 주를 모신 생활은 자유와 평화의 생활입니다.

모세는 당초 비겁자였지만 여호와가 함께하심으로 담력을 얻어 범 같은 바로 앞에 태연자약泰然自若하게 나타난 것입니다. 성경에는 모세가 성직을 감당한 경로를 이렇게 기록했습니다. "내가 누구관대 바로에게 가며 이스라엘 자손을 애굽에서 인도하여 내리이까?"[출 3:11] 이런 모세였지만 하나님께서 함께하시니 출애굽기 14장 13절에 "백성에게 이르되 너희는 두려워 말고 가만히 서서 여호와께서 오늘날 너희를 위하여 행하시는 구원을 보라"는 말씀처럼 모세 또한 가장 자연스럽고 용감한 태도를 가질 수 있었습니다.

모세는 위기일발의 경우에도 우왕좌왕하는 60만 대중 앞에서 태연하였습니다. 앞은 넘실거리는 홍해를 가로 두고, 뒤에는 애굽의 포악한 군인들의 추격을 받으면서도 아무런 두려움 없이 하나님의 지시를 기다렸습니다. 모세뿐 아니라 신앙의 용사 다니엘의 담대한 태도나 부자유한 옥중과 서슬이 푸른 관리 앞에 선 베드로나 바울의 그 자연스럽고도 평화로운 태도! 아, 참으로 그리운 생활입니다.

한번은 제가 험한 산중에 들어가 기도하던 중 밤이 깊어 적막을 느낄 때 짐승의 울음 소리가 들려왔습니다. 자연스레 무서움이 일더니 기도할 마음이 어디론가 사라져 버리고 말았습니다. 그러나 저는 그 기회를 놓치지 않고 더욱 힘써 기도했습니다. 그러자 마침내 무서움을 극복하고, 또 주님이 함께하심을 명확히 알게 되었습니다. 그리하여 저는 비로소 자유롭고 평화로운 마음을 가질 수 있었습니다. 그때 그 아름다운 장면은 제 일생에 잊을 수 없는 깊은 인상을 주었습니다. 그 후 저는 주님의 재림을 의심치 않았습니다.

주위 환경과 사정에 구속을 받아 항상 공포와 불안 중에 살고 있는 불쌍한 무리들이여! 당신들은 지옥 아닌 지옥에서 지옥 생활을 하고 있지 않습니까? 신자의 간판은 있으나 실은 양의 가죽을 쓴 이리와 같으니 주님께서 그 소행을 엄밀히 검시檢視(조사)하실 때 그 받을 바 보응報應을 장차 어찌하려는 것입니까? 원컨대 우리는 우리 곁을 떠나지 않으시는 주님을 늘 기억하십시다. 그리하면 그 생활이야말로 얼마나 고결한 생활이 되겠습니까?

## 3. 천국 백성 된 자의 고결한 인격은 주님의 슬하에서만 얻을 것입니다.

주님을 모신 모세의 인격은 훈련이 없었던 이스라엘 60만 대중을 가히 인도할 수 있었으며, 또한 그의 위대한 인격에는 반역도反逆徒까지도 굴복하고 말았습니다. 고라 일당이 모세를 대적하다가 그만 참화慘禍(참혹한 재앙)를 당하게 된 사실은 모세가 위대한 하나님과 함께

하므로써 얻은 능력이었음을 증명하고도 남습니다. 여호와의 슬하에 있는 다니엘 앞에서는 사자가 입을 벌리지 못하였으며, 또 주님을 모신 결과 성령의 은혜로 영안이 밝아진 베드로의 눈 앞에서는 명예욕에 취하여 거짓으로 나타난 아나니아의 혼이 떠나지 않을 수 없었습니다. 이 모든 사실은 주님을 모신 자의 위대한 역량과 그 위업을 증거하는 바이니, 실로 주님을 모신 자 앞에 떨지 않을 자 없을 것입니다. 미루어 생각건대 천국의 그 광명하고 거룩하고 사랑으로 충만한 세계에 미움과 추함과 죄악의 무리가 어찌 감히 견딜 수 있겠습니까?

사랑하는 부모 자매 여러분! 우리는 날마다 겸손하고 사랑하며 주전主前(주님 앞에서)의 생활을 해야겠습니다. 그럼으로써 주님이 우리와 함께하시게 되는 것이며, 위엄 있는 그 인격의 소유자가 되는 것입니다. 주님 슬하의 생활은 참으로 복된 생활입니다. 모세, 다니엘, 베드로, 바울, 그들의 인격이 그들 자체에 있었던 것이 아니라 주님을 모심에 있었다면, 그들에게 가능했던 것이 지금 우리에게도 가능하지 않겠습니까?

## 결론

에녹은 300년이라는 짧지 않은 기간을 주님과 동행했습니다. 그 결과는 무엇이었습니까? 최종으로 세상에 있던 그 몸으로 그냥 주님 계신 곳으로 가고 만 것입니다. 그가 살아 있을 때 하나님께서 기뻐하실 일을 행했을 것이니, 그의 모든 생활은 세상 편으로 볼 때 난관도 없지 아니했을 것입니다. 하나님을 기쁘시게 한 사람들 전부가 난관을 겪었다면 이 에녹인들 어찌 순탄한 길만을 밟았겠습니까? 그래도 그는 모든 난관을 돌파하고 주님과 동행했습니다. 이 얼마나 아름다운 일이며 부러운 일입니까? 오늘날 우리가 주님을 모시고 생활함에도 난관이 한둘이 아닐 것입니다. 그러나 에녹을 생각할 때 그는 누구며 우리는 누구입니까? 에녹이나 우리는 다 같은 인생이요, 다 같은 기회가 우리에게 허락된 것이 아니겠습니까? 우리의 신앙생활에서 만사가 형통하려고 한다면 마땅히 주님 슬하의 생활을 함으로써 그 목적을 달성할 수 있을 것입니다.

연대 미상[1]

---

1. 《신앙 세계와 천국》(1970).

# 신앙의 3계단



신앙은 참생명의 약동이기 때문에 장성長成(시간이 지나며 자라남)이 있습니다. 장성이 없는 신앙은 참신앙이 아닙니다. 신앙의 장성은 진리를 바로 깨닫고 믿는 것에 있습니다. 본문의 엠마오로 가는 두 제자들의 일을 통하여 신앙의 계단적인 장성 과정을 생각해 보겠습니다.

## 1. 인간의 지식과 사고방식으로는 진리를 깨달을 수 없습니다.

엠마오로 가는 두 제자는 길을 가면서 인생의 심각한 문제에 대해 이야기를 나누었습니다. 그들의 대화는 고차원적인 종교문제였습니다. 그러나 그들은 아무런 해결점도 얻지 못한 채 수심에 찬 모습으로 피곤한 여행을 계속할 뿐이었습니다.

인생은 별 수 없이 이런 것입니다. 자기의 지식으로 인생을 논합니다. 제 나름대로 종교를 사색합니다. 철학적으로 인생 문제를 해결하려 합니다. 그러나 해결은 없습니다. 죄로 어두워진 인생의 마음 상태로는 진리를 깨달을 수 없는 것입니다. 죄의 인생은 그 자체로는 아무런 해결을 볼 수 없습니다.

예수님께서 세상에 계실 때 여러 가지 이적異跡을 행하셨습니다. 그러나 이적을 보는 인생들은 그 이적을 통하여 진리를 깨닫지 못하였습니다. 모세는 애굽에서 기도를 통해 열 가지 재앙[1]을 내렸습니다. 그 재앙을 하나님께서 행하신 것이라고 말했지만, 애굽 사람 가운데 믿는 이는 단 한 사람도 없었습니다. 진리는 그렇게 쉽사리 깨달아지는 것이 아닙니다. 광야 생활에서 바다가 갈라져 육지가 되고, 바위에서 생수가 솟아나는 이적이 있었습니다. 그러나 하나님을 알고 하나님을 찾은 이는 너무도 적었습니다. 이스라엘 60만 대군 가운데 오직 두 사람만이 참신앙을 가졌으니 얼마나 원통한 일입니까?

인생 스스로의 지식과 사색과 철학으로 진리를 알겠다고 힘쓰지만 인생의 생각만으로는 모르는 것입니다. 예루살렘의 많은 사람들이 예수님의 부활에 대해 떠들었지만 그들은 부활을 바로 믿지는 않았습니다. 그러면 진리는 언제 깨닫게 되는 것입니까?

---

1. 성경에는 열 가지 재앙을 내린 것으로 나오는데, 한상동 목사는 아홉 가지 재앙을 내린 것으로 기록하고 있다.

**2. 하나님의 말씀을 통해서 진리를 깨닫게 됩니다.**

예수님께서 두 제자에게 나타나셨을 때 스스로 부활한 예수라고 말씀하지 않으셨습니다. 예수님은 하나님의 말씀인 성경을 풀어 밝혀 주심으로 자신의 부활을 입증하셨습니다. 모세와 선지자들이 이렇게 말하지 않았는가라고 말씀하실 때 제자들의 마음에 깨달음과 기쁨이 오고 뜨거움이 생긴 것입니다.

하나님의 말씀이 인생의 마음속에 역사해야 마음이 뜨거워지고 변화가 나타납니다. 그리고 마침내 진리를 깨닫게 됩니다. 세상의 철학이 인생의 마음을 뜨겁게 하지 못합니다. 과학이 인생의 마음을 뜨겁게 하지 못합니다. 오직 하나님의 말씀만이 가능케 하는 것입니다.

예수님께서 천당이 있다고 말씀하실 때 사람들은 그 말씀을 잘 믿지 않았습니다. 천당은 육안으로 볼 수 없기 때문입니다. 인생은 눈에 보이는 것만을 제일로 생각합니다. 그리하여 하나님은 눈에 보이는 것을 먼저 예언하셨습니다. 그리고 보여 주셨습니다. "아브라함아, 네가 아들을 낳을 것이다"라고 말씀하셨을 때 백 살이 가까운 아브라함은 믿을 수 없었습니다. 그러나 때가 되어 아들을 낳았습니다. 아브라함에게 가나안 땅을 그의 자손들에게 주실 것을 말씀하셨습니다. 아브라함은 죽었지만 400년이 지난 후 그 후손들은 가나안 땅을 차지했습니다. 예수님에 대한 약속도 때가 되니 그대로 이루어졌습니다. 예수님의 탄생·전도·죽음·부활 등 모두 성경대로 성취되었습니다.

죄를 용서받는 사죄의 길은 눈에 보이지는 않으나 그대로 이루어집니다. 눈에 보이는 세계의 일이 예언대로 이루어지는 것을 보아서 눈에 보이지 않는 세계의 일 역시 예언대로 이루어질 것을 믿도록 성경은 가르치고 있습니다. 믿지 않으면 지옥에 갑니다. 이것은 진리입니다. 하나님의 말씀이기에 그대로 되는 것입니다. 사람들은 이적을 행한다, 이상한 일이 있다 하면 떼를 지어 모여듭니다. 그러나 이것은 어리석은 일입니다. 그들은 이적이 없으면 흩어져 버립니다. 오직 하나님의 말씀 위에 굳게 서는 사람만이 흔들리지 않습니다. 예수님은 그의 부활을 제자들에게 하나님의 말씀으로 가르쳐 주셨습니다. 하나님의 말씀을 듣고, 읽는 가운데 깨달음이 생기는 것입니다.

## 3. 기도할 때 신령한 눈이 밝아집니다.

예수님께서 두 제자와 함께 자리에 앉아 음식을 마주 놓고 축복의 기도를 올렸습니다. 그때 두 제자의 신령한 눈이 열려 예수님을 알게 되었습니다. 우리가 참으로 예수님을 바로 알 수 있으려면 신령한 눈이 열려야만 됩니다. 마음의 문이 열려야 진리를 깨닫고, 예수님을 바라보게 되는 것입니다.

기도는 하나님을 신령한 눈으로 바라보는 것이고, 예수님을 발견하는 것입니다. 우리가 힘써 기도할 때 진리를 깨닫고 예수님이 누구인지 믿게 됩니다. 참으로 예수님이 아니었다면 우리의 생명은 어디로 갈 뻔하였고, 우리의 생명이 어떻게 되었겠습니까? 생각할수록 예수님이 고맙고 그분께 감사한 것뿐입니다.

사랑하는 여러분, 여러분의 인생 문제가 말씀에서 해결되고, 하나님 앞에 엎드러질 때 심령의 변화를 받게 되는 것인즉, 힘써 말씀을 읽고 들으며 기도에 더욱 힘써야 될 것입니다. 자신의 지식, 사고방식, 사색만으로는 진리를 깨닫지 못합니다. 그러므로 성경을 읽고 깨달으며, 설교 듣고 감화를 받아 기도의 깊은 세계에서 예수님을 만나 변화를 받아 가십시오.

> 내 걱정 근심을 쉬 없게 하시고
> 내 주여 어두운 영혼을 곧 깨게 하소서
> 내 주여 어두운 영혼을 곧 깨게 하소서

〈개혁주의〉 제34호(1969)

# 2. 바라고 소망하고

韓國基督教指導者講壇說教

# 신앙은 소망의 생활



히브리서 11장은 믿음에 대한 기록입니다. 믿음으로 산 사람들의 생활을 보여 줍니다. 히브리서 11장이 말하는 믿음은 소망을 보여 줍니다. 그 소망은 확실한 소망입니다. 그 소망은 이루어졌으면 하는 소원으로 기대되는 것이 아니라, 확실성이 있는 기다림의 소망입니다.

"믿음은 바라는 것들의 실상이요"에서 말하는 '바람'은 바로 소망을 말합니다. 믿음은 바라보는 일이 사실로 실현되는 것입니다. 믿음은 헛된 일이 아니고 실상입니다. 믿음으로 사는 사람들이 이 땅 위에서 살 때 사람의 힘으로 도저히 될 수 없는 일들을 믿음으로 이루어 나갔습니다. 인간의 능력으로는 도저히 불가능한 일을 믿음의 세계에서는 가능함을 보여 주었습니다. 인간의 힘으로 되지 않는 일이 믿음으로 되었습니다.

믿음으로 인간의 불가능을 가능케 하였습니다. 불가능한 일이 믿음으로써 이 세상 현실 세계에서 이루어졌습니다. 그러나 인간의 불가능이 믿음으로 가능하게 되는 것을 보여 주신 것은 그 목적이 현세계에 있는 것이 아닙니다. 하늘나라의 것을 보여 주시기 위해 불가능한 일을 믿음으로 가능하도록 하심을 보여 주신 것입니다.

믿음은 장래의 세계를 보여 주었습니다. 장래가 없다면 과거도 현재도 필요 없습니다. 장래 때문에 과거도 현재도 필요한 것입니다. 믿음은 장래에 대한 소망의 실현입니다. 인생은 참믿음 가운데서만 장래의 소망을 갖고 살 수 있습니다.


## 1. 인생은 소망을 가지고 삽니다.

인생은 소망의 동물입니다. 인생은 소망 가운데서 낙망 없는 생활을 합니다. 짐승은 소망이 없습니다. 짐승의 세계에서는 소망을 찾아 볼 수 없습니다. 짐승은 그냥 살아만 갑니다. 짐승은 본능을 갖고 살아갑니다. 그러나 인생은 소망을 갖고 살아갑니다. 소망이 있기 때문에 어려움이 와도 참고 괴로움도 참습니다. 분한 일을 당하고 억울한 일을 당하여도 참고 살아갑니다. 소망이 있기 때문에 모든 고난을 꾹 참고 살아갑니다.

사람은 비록 나이 어린 사람이라도 소망을 갖고 살아갑니다. 어린 학생들이 열심히 공부하는 것도 소망이 있기 때문에 공부하는 것입니다. 사람들이 부지런히 오가며 자기 일을 충실히 해 가는 것도 모두 소망이 있기 때문입니다. 세상의 모든 사람은 다 자기 나름대로의 소망이 있습니다. 크고 작은 내용의 차이는 있겠지만 누구나 다 소망이 있는 것입니다.

그러나 동물의 세계에는 소망이 없습니다. 하늘의 천사들도 그들의 생활이 그것으로 다 된 것이고 더 될 수 없는 상태입니다만, 사람은 무한한 가능성을 가지고 세상에서 살아갑니다. 인생은 이 무한한 가능성 때문에 날로 발전하고 발달되면서 살아가는 것입니다.

사람은 분명히 소망의 동물입니다. "그놈 참 사람 되겠더라." 어른들은 착실한 어린이를 보면 이러한 말을 합니다. 이것은 그 어린이에게 소망이 있다는 말입니다. 소망을 두고 사는 사람에게는 발전이 있습니다. 그 소망 따라 성공이 있습니다. 앞날의 진로가 활짝 열리는 것입니다.

인생은 소망 중에 살아가야 합니다. 소망을 두고 살 때 아무렇게나 살지 않습니다. 제 멋대로 살지 않습니다. 항시 조심합니다. 삼가는 생활을 합니다. 인내의 생활을 합니다. 절제의 생활을 합니다. 사랑의 생활을 합니다. 순종의 생활을 합니다. 인생에게는 인류의 역사가 소망을 줍니다. 인간 역사는 인간이 아무렇게나 살아서 안 될 것을 보여 줍니다. 인생은 가지만 역사는 남습니다. 인생은 없어지지만 역사는 없어지지 않습니다.

인간 세상의 모든 학문이 인생에게 소망을 줍니다. 의학이 그러합니다. 법률과 정치학이 인생에게 소망을 줍니다. 문학과 모든 예술이 인생을 희망차게 해 줍니다. 과학은 인간을 달나라 별나라까지 갈 수 있는 소망을 줍니다. 인생은 이러한 소망 가운데서 힘을 얻고 살아갑니다.

인생은 분명히 소망을 갖고 있습니다. 인생은 소망을 가지되 인간의 힘 이상의 것을 가지려고 합니다. 인간의 힘은 10 정도뿐인데 100이나 1,000 혹은 보다 더 많이 가지려고 합니다. 사람은 인간의 힘으로는 도저히 불가능하지만 그것을 가능하게 해 보려고 합니다. 이것은 인생이 무한한 가능성을 가진 존재임을 암시하는 것입니다.

사람은 기어 다니고 발로 걸어 다니는 정도인데 기계의 힘으로 빨리도 갈 수 있고, 물 위도 다니고, 하늘도 날아다닐 수 있는 것입니다. 이 모든 일은 땅 위에 인생의 소망이 이루어지는 것을 말합니다. 그러나 인생의 소망은 이 세상에서 이루어지는 것으로 완전한 것일까요? 아닙니다. 인생의 소망은 끝이 없는데 그 소망이 이 세상에서 다 이루어지는 것은 결단코 아닙니다.

## 2. 땅 위의 소망은 완전한 것이 아닙니다.

인생은 소망 가운데서 살고 소망 가운데서 노력한다고 말씀드렸습니다. 그러나 이 세상에서 인생이 원대한 소망을 갖고 주야로 노력하여 자기의 소망이 다 이루어졌다 할지라도 인생은 이 땅 위에서 죽고 맙니다. 인생은 소망을 가지면서 살고, 그 소망을 이루어 가기는 하지만 결국에는 죽고 마는 것입니다.

인생은 희망이 있습니다. 그러나 인생은 분명히 희망 속에 사는데도 그 결과는 허무합니다. 인생의 생명은 천하보다 귀하다고 예수님은 말씀하셨습니다. 천하보다 귀한 생명을 가진 인생이 허무한 소망을 가지고 살아가야 되겠습니까?

인생에게는 허무하지 않은 결과의 세계가 있습니다. 우리 모든 인생이 바라는 소망 또한 허무하지 않은 소망일 것입니다. 성경에서 믿음은 바라는 것들의 실상이라 했습니다. 이 인생이 바라는 허무하지 않은 소망은, 분명코 믿음의 세계에서만 해결 가능한 문제입니다.

인생은 하나님을 찾습니다. 인생이 하나님을 찾는 것은 완전한 생명을 얻기 위함입니다. 완전한 생명은 곧 하나님의 생명으로, 우리 인간은 완전한 생명으로 화化하기를 소망합니다. 인생의 이 모든 소망은 믿음으로만 해결이 가능합니다. 그러므로 믿음 없는 인생은 허무할 수밖에 없습니다. 땅 위의 모든 소망이 다 이루어진다 하여도 결국은 허무한 것입니다. 그러나 믿음의 세계에서 이루어지는 소망은 영원합니다.

### 3. 인생의 참소망은 하늘나라입니다.

예수님이 자신의 죽음을 제자들에게 말씀하셨을 때 제자들은 근심과 걱정에 잠겨 있었습니다. 그때 예수님은 제자들에게 말씀하셨습니다. "너희는 마음에 근심하지 말라. 하나님을 믿으니 또 나를 믿으라. 내 아버지 집에 거할 곳이 많도다. 그렇지 않으면 너희에게 일렀으리라. 내가 너희를 위하여 처소를 예비하러 가노니"(요 14:1-2).

예수님은 분명히 하늘나라에 소망을 두라고 말씀하셨습니다. 그 소망을 이루게 하시려고 예수님께서 땅 위에 오신 것입니다. 그리고 말씀하셨습니다. 예수님의 설교는 시작도 하늘나라이고, 주제도 하늘나라였습니다. 하늘나라를 소망으로 삼고 살아가야 하는 것입니다. 우리도 하늘나라를 소망으로 두고 살아가십시다. 이것은 하나님께서 바라시는 일이요, 하나님의 뜻입니다.

오늘날 세상은 소망을 하늘나라에 두고 사는 사람을 어리석게 봅니다. 그들은 하늘에 소망을 둔 자를 인격도 없는 사람으로 생각하고 취급합니다. 오히려 세상에 소망을 둔 자를 인격자로 대합니다. 이것이 바른 판단일까요? 아닙니다. 요한일서 2장 17절에 "이 세상도 그 정욕도 지나가되 오직 하나님의 뜻을 행하는 이는 영원히 거하느니라"라고 하였습니다. 세상에 뜻을 두고 사는 인생은 이렇게 허무하고 무인격적인 존재들입니다. 참다운 인격자는 하늘나라를 소망으로 삼고 사는 성도들입니다.

인생에게는 선과 악, 두 가지 길이 있습니다. 왜 이렇게 두 가지 길이 놓여 있는 것입니까? 악하면 악하고 선하면 선한 길만 허락되지 않고 왜 두 길이 놓여 있는 것입니까? 천사에게도 동물에게도 악령에게도 다 한 길만 놓여 있습니다. 그들은 선택하지 않고 길만 가는 것입니다. 그런데 왜 인생에게는 선과 악, 두 가지 길이 놓여 있는 것입니까? 이것은 인생에게만 하늘의 소망이 부여되어 있기 때문입니다. 하늘나라의 소망이 있기 때문에 선과 악 두 가지 길 가운데 선한 길 가기를 원하는 것입니다. 인생이 선을 추구하는 것은 하늘나라에 소망을 두기 때문입니다.

## 결론

원컨대 사랑하는 여러분! 하늘의 소망자가 되시기를 바랍니다. 땅 위에 생의 목적을 두지 말고 영원한 내세에 소망을 두고 살아가십시다. 내세에 소망을 둘 때 현세의 어떠한 어려움도 참고 살아갈 수 있습니다. 로마서 8장 18절에 "생각건대 현재의 고난은 장차 우리에게 나타날 영광과 족히 비교할 수 없도다"라고 말씀하였습니다.

예수님은 땅 위에 계실 때도 하늘에 소망을 두고 살았으며 하늘나라를 말씀하셨습니다. 예수님께는 하늘나라만이 가득하였습니다. 사랑하는 여러분! 신앙생활을 한다고 하면서 두 다리를 걸쳐 놓고 살지 맙시다. 하늘나라를 소망으로 삼고 살아갑시다.

1960년 2월[1]

---

1. 《신앙 세계와 천국》(1970).

# 신앙 세계는 천국을 보여 준다



신앙이라 말할 때, 본래 의미는 무엇보다 살아 계신 하나님을 믿는 것을 전제로 하는 말입니다. 하나님은 살아 계십니다. 누가복음 20장 38절에 "하나님은 죽은 자의 하나님이 아니요 산 자의 하나님이시라. 하나님에게는 모든 사람이 살았느니라"라고 말씀하셨습니다. 하나님은 생명의 본체가 되시므로 만물이 있기 전에 살아 계셨고, 만물이 없어진 후에도 살아 계실 것입니다. 하나님은 영원히 살아 계신 실존이요, 이와 같이 살아 계신 하나님을 바로 믿는 것이 신앙입니다.

하나님은 영이십니다. 영이시기 때문에 체질 세계體質世界(물질로 이루어진 세계)가 아닙니다. 그러나 하나님은 체질 세계 또한 지배하시며, 더불어 영의 세계도 지배하십니다. 영의 세계는 영원한 세계로, 그곳에는 죽음이 없습니다. 시간과 공간의 차가 없습니다. 이러한 영의 세계를 하나님은 지배하십니다.

## 1. 신앙 세계에는 기사와 이적이 있습니다.

신앙 세계에서는 놀라운 일이 일어나기도 합니다. 홍해가 육지처럼 갈라졌고, 물이 벽과 같이 되었습니다. 이에 이스라엘 백성은 홍해를 걸어서 건널 수 있었습니다. 이것은 초자연의 사실입니다. 어떻게 사람이 바다를 육지를 걷듯 건널 수 있습니까? 그 일은 오직 하나님만이 하실 수 있습니다. 하나님께서 우리 인생을 영으로 대하실 때가 있습니다. 그때에는 우리가 자연을 극복해 가도록 이적을 베푸시는데, 이것을 가리켜 '기사奇事'라고 합니다.

사드락과 메삭과 아벳느고는 풀무불 속에서도 머리털 한 가닥 타지 않았습니다. 어찌 이런 일이 있을 수 있습니까? 이와 같은 일은 하나님께서 인생을 영으로 취급하실 때 일어날 수 있습니다. 그 순간은 하나님께서 사람을 영으로 취급하셨습니다.

천국에서는 물을 건너기 위하여 배를 탈 필요가 없습니다. 이스라엘 백성이 배를 타지 않고 홍해를 건넜던 것은, 하나님께서 천국을 보여 주기 위해 그리하신 것입니다. 천국에서는 풀무불에 들어가도 영의 세계이기 때문에 타지 않습니다. 사드락과 메삭과 아벳느고가 불에 타지 않은 것 또한 천국의 세계를 보여 주시려 그리하신 것입니다. 천국에서는 사람이 불에 타지 않습니다. 다니엘은 사자굴 속에 던져졌는데도 사자에게 먹히지 않았습니다. 이것은 하나님께서 다니엘을 영으로 취급하셨기 때문입니다. 천국에서는 사자가 사람을 잡아먹는 일이 일어나지 않습니다. 분명코 이 모든 기사는 신앙 세계에서만 가능한 일입니다. 그리고 신앙 세계는 언제나 이와 같은 천국을 보여 줍니다.

예수님께서 오병이어로 5천 명을 먹이신 일에서 천국을 볼 수 있습니다. 천국에서는 먹고사는 것이 문제가 되지 않습니다. 천국에서는 먹기 위하여 노력하거나 입기 위하여 수고할 필요가 없습니다. 예수님은 병자를 고쳐 주셨습니다. 병자를 고쳐 주심은 천국을 보여 주심입니다. 천국에는 병이 없습니다. 아픈 것이나 고통받는 일이 없습니다. 신앙의 세계에는 이러한 이적이 있고, 이와 같은 이적은 곧 천국의 풍경입니다.

예수님은 죽은 나사로를 살리셨습니다. 이것 역시 천국을 보여 줍니다. 천국에는 죽음이 없습니다. 영의 세계에는 죽음이 없습니다. 이 이적을 부인한 뒤에라야 천국을 부인할 수 있을 것입니다. 그러나 예수님께서 기사와 이적을 행하신 것은 분명한 역사적 사실입니다. 역사가 증명해 주고 있습니다. 이 모든 역사적 사실들은 신앙 세계가 어떠함을 보여 주는 것이니, 신앙 세계는 결국 천국을 보여 주는 것입니다.

옛날 이스라엘 백성은 광야 생활 40년 동안 농사짓지 않았고, 옷도 만들지 않았습니다. 그래도 그들은 먹을 것이 있었고, 길쌈하지 않아도 옷을 벗지 않고 살 수 있었습니다. 이것은 무엇을 의미합니까? 바로 신앙 세계를 말합니다. 여기서도 천국의 모습을 발견할 수 있는 것입니다. 이처럼 천국에서는 농사나 길쌈이 필요 없습니다.

인간은 영적인 동물로, 인생에게는 영혼이 있습니다. 하나님은 영이십니다. 영이신 하나님께서 영을 가진 인생을 대하실 때 영으로만 대하시는 때가 있습니다. 그러한 때를 이적과 기사라고 말합니다. 이 모든 것이 신앙 세계에서 이루어집니다.

## 2. 신앙의 세계는 죄에 대한 문제를 해결해 줍니다.

죄를 지은 사람이나 죄를 짓지 않고 사는 사람이나 다 같이 이 세상에서 살 만큼 살다 갑니다. 범죄한 그대로 살아도 고통을 당하고, 회개한 사람도 다들 고통을 당하는 세상입니다. 죄를 범한 사람이 도리어 잘 사는 경우도 얼마든지 있습니다. 이처럼 이 세상에서는 양심대로 살려고 하는 사람이 도리어 고통을 당하고, 괴로움을 당하며 살 수 있습니다. 그렇다고 하면 죄에 대한 문제가 무슨 문제가 되겠습니까? 그러나 사람은 다 죄 없이 함을 받기 원하고, 죄 짓지 않고 살기를 원합니다. 죄 사함 받기를 원합니다. 개는 죄가 있어서 잡아먹히는 것이 아닙니다. 닭도 죄가 있어서 잡아먹히는 것이 아닙니다. 동물은 죄에 대한 고민이 없습니다. 유독 인생에게만 죄에 대한 고민이 있습니다.

하나님은 인생의 죄 문제를 해결해 주셨습니다. 죄 없이 함을 받는 길을 열어 주셨습니다. 하나님의 아들 독생자 예수님이 인생의 죄를 위하여 세상에 오셔서 십자가에 못박혀 죽으셨습니다. 그 예수님을 믿음으로 죄 사함을 받습니다. 죄가 있어도 고통을 당하고, 죄 없이 함을 받아도 고통을 당하는 세상이 전부라면 구태여 죄 사함을 받아야 할 이유가 무엇입니까? 죄 없이 함을 받아서 죄 없는 영혼 세계에 들어가 살아야 하는 때가 오기 때문입니다. 곧 우리가 아는 천국입니다. 그 천국에서는 죄가 용납될 수 없습니다.

인생은 죄 없이 함을 받기 원합니다. 인생은 죄 짓기를 싫어하고, 죄를 두려워합니다. 어쩌다 죄를 범하면 양심적으로 고민하고, 고통을 느낍니다. 누가 보는 이 없어도 죄를 범하고 나면 부끄러워하고 두려워합니다. 양심이 마음을 그렇게 움직이는 것입니다. 이렇게 볼 때, 죄에 대한 문제는 체질 세계의 문제가 아니고 영혼 세계의 문제임을 분명히 알 수 있습니다.

인생이 죄를 범해서는 안 되고, 죄를 범했을 때 사함을 받아야 한다고 생각하는 것은 분명코 영의 세계를 보여 주는 문제입니다. 만일 천국이 없다면 이 문제는 영원히 해결될 수 없는 문제가 되고 마는 것이 아니겠습니까? 그러나 천국이 있습니다. 죄 없이 함을 받기 원하는 마음, 그 신앙의 세계를 통해 곧 천국을 볼 수 있습니다.

천국은 죄가 없는 곳입니다. 죄 없이 함을 받은 영혼이 가서 영원히 살 수 있는 나라입니다. 인생은 이 천국을 바라보기 때문에 죄를 두려워합니다. 죄 없이 함을 받기 원합니다. 천국이 없는 신앙생활은 허무하고 슬플 수밖에 없습니다.

## 결론

신앙생활의 모든 일들은 천국을 보여 줍니다. 신앙 세계에는 기사도 있습니다. 이적도 있습니다. 천국은 영의 세계이기 때문에 불에 타거나 물에 의해 침해(侵害)받지 않습니다. 영의 세계에는 병도 없고 죽음도 없습니다. 신앙 세계에 기사와 이적이 나타나는 것은 하나님께서 천국의 생활을 보여 주시기 때문입니다.

신앙의 세계는 죄 문제를 해결해 줍니다. 그리고 인생은 누구나 죄 짓기를 싫어하고 죄 없이 함 받기를 원합니다. 왜 이러한 세계를 원하는 것입니까? 이러한 문제는 신앙 세계 밖에서는 해결할 수 없기 때문입니다. 오직 신앙 세계 안에서만 해결이 가능합니다. 신앙의 세계는 천국을 보여 주며, 천국은 무죄한 곳입니다.

1969년 12월 7일[1]

---

1. 《신앙 세계와 천국》(1970).

# 복된 죽음



인생에게 가장 불행한 일이 있다면 그것은 죽는 일입니다. 죽음은 저주 중에도 가장 큰 저주입니다. 인생은 다 살기를 원하므로 죽는다는 것은 가장 슬픈 일이요, 최고의 저주입니다. 그런데 그 죽음이 복되다니 무슨 말입니까? 인생의 죄 값으로 나타난 죽음. 그것은 인생의 비극 가운데 가장 슬픈 비극이요 가장 무서운 저주인데, 그것이 복이 된다니 무슨 말입니까?

세상에 전화위복轉禍爲福이라는 말이 있습니다. 이 말은 화가 바뀌어 도리어 복이 된다는 뜻입니다. 죽음은 화 중에 큰 화이며, 망하는 것 중에 가장 큰 망함입니다. 세상에 죽음보다 더 가혹하고 망하는 일이 어디에 또 있겠습니까? 그런데 이와 같은 큰 화요, 망하는 일인 죽음이 어찌 복이 된다는 말입니까? 하지만 성경은 분명하게 죽음이 복되다고 말할 뿐 아니라, 큰 화를 당하는 일 역시 복되다고 말씀하고 있습니다. 성경에는 화가 변하여 복이 된 일들이 많이 기록되어 있습니다.

바벨론 왕 느부갓네살은 큰 우상을 만들고는 나팔과 피리와 수금과 삼현금 등의 악기를 울렸습니다. 그리고 누구든지 이 풍악이 울릴 때마다 신상 앞에 엎드려 절하라고 했습니다. 만일 이 명령을 거역하면 극렬히 타는 풀무불 가운데 던져 넣으라고 말했습니다. 모든 국민은 왕의 말에 순종했습니다. 그러나 이스라엘에서 포로로 잡혀 온 사드락과 메삭과 아벳느고는 조금도 머리를 숙이지 않고 우두커니 서 있었습니다. 그들은 하나님 한 분만 참신이신 줄 아는 까닭에 우상에게 절하지 않았습니다. 세 청년은 왕 앞에 참소讒訴당하게 되었고, 급기야 왕 앞으로 잡혀 왔습니다. 왕은 사드락과 메삭과 아벳느고에게 말했습니다.

"왜 너희들은 내 신상을 섬기지 아니하느냐? 지금이라도 신상 앞에 절하면 용서해 주겠노라. 그러나 만일 절하지 아니하면 극렬히 타는 풀무불 가운데 던져 넣을 것이니라."

이와 같은 무서운 선고를 받고도 사드락과 메삭과 아벳느고는 "왕이여! 우리가 이 일에 대하여 왕에게 대답할 필요가 없나이다"라고 그들의 태도를 굳게 표시하였습니다. 그리고 그들은 다시 말하기를

"우리가 풀무불 속에 들어간다 할지라도 우리가 섬기는 우리 하나님께서 우리를 그 풀무불에서 건져 주실 것입니다. 만일 건져 주시지 않는다 할지라도 우리는 왕의 신을 섬길 수 없습니다."

이 놀라운 태도에 왕은 분노하였습니다. 왕은 풀무불을 7배나 더 뜨겁게 하여 세 청년을 던지라고 명령했습니다. 병사들은 순종하였고 세 청년은 풀무불 속에 던져졌습니다. 그러나 이게 웬일입니까? 풀무불 속에는 네 사람이 이야기하며 서 있었습니다. 왕은 놀라 소리쳤습니다.

"지극히 높으신 하나님의 종 사드락, 메삭, 아벳느고야, 나와서 이리로 오라."

그때 세 청년은 불 가운데서 나왔습니다. 보니 그들은 머리카락 한 올도 불에 그을리지 아니하였습니다. 이 세 청년은 하나님을 굳게 믿었기 때문에 하나님께서 그들과 함께하셨고 구해 주신 것입니다.

사드락과 메삭과 아벳느고는 죽을 뻔했는데, 이로써 도리어 큰 영광을 받았습니다. 이것이 전화위복입니다. 이 사실을 믿지 않는 사람은 '어떻게 그런 일이 일어날 수 있느냐'며 이상하게 생각할 것입니다. 그러나 이 일은 전지전능하신 하나님께서 하신 일입니다. 하나님께서 하신 일이면 그대로 됩니다. 만일 성경의 이 사실을 보통 역사와 같이 사람들의 이야기로만 생각한다면, 성경이 세계적 종교의 경전으로서 보존될 수 있겠습니까? 다니엘의 기사도 그러합니다. 사자굴 속에 던짐이 되었지만 살아났고, 이 일로 인하여 하나님의 영광을 높이 나타내었으며 자신에게도 큰 복이 되었습니다.

죽음은 저주 중에 큰 저주요, 화 중에 큰 화입니다. 그러나 죽음이 기독교 성도들에게는 큰 복이 될 수 있습니다. 성도의 죽음 후에는 영광이 있습니다. 그래서 불행 중 불행이요, 화 중에 화인 죽음을 통하여 성도는 영광을 받습니다.

세상에서 일컫는 복된 죽음은, 고생하지 않고 부유하게 살다가 죽는 죽음입니다. 나이 많아 병이 들어도 그저 가벼운 병으로 고통 없이 몇 시간 시름시름하다가 죽는 죽음을 복되다 합니다. 숨지는 순간에 자녀와 손자들이 다 둘러앉은 가운데 유언을 남기고 조용히 숨 거두는 것을 복된 죽음이라고 합니다. 그러나 진정 이러한 죽음이 복된 죽음일까요?

### 1. 예수님의 죽음은 복된 죽음입니다.

예수님은 죄가 없으신 하나님의 아들입니다. 죄가 없으신 분이면서도 이 세상에서의 생활은 한없이 고독하고 외롭고 비참했습니다. 마지막 순간에는 젊은 나이로 십자가에 못박혀 돌아가셨습니다.

십자가 처형은 인간이 발견한 사형법 가운데 가장 처참하고 참혹한 방법입니다. 예수님은 그 십자가형을 받고 죽으셨습니다. 세상에서 예수님처럼 그렇게 많은 고통을 받으며 죽으신 분이 또 있겠습니까? 물론 예수님 외에도 꽤 많은 사람이 십자가 형벌을 받았습니다. 그러나 그들은 예수님처럼 그렇게 심한 고통을 당하진 않았습니다. 왜냐하면 그들은 모두 자기 죄 때문에 죽었으며, 또한 자신들의 죄 때문에 고통의 심각함마저 느끼지 못했기 때문입니다. 그러나 예수님은 무죄無罪한 분이었고, 인류 전체의 죄를 한 몸에 지셨기에 그 죽음의 고통은 매우 심했습니다.

이와 같이 말로는 도저히 형용할 수 없는 죽음을 당하신 예수님의 그 죽음이 바로 복된 죽음입니다. 왜냐하면 그 죽음은 인생의 죽음 건너편에 있는 영광의 세계를 허락하신 죽음이요, 죄인의 구주로서의 죽음이기 때문입니다. 그 예수님 앞에 온 세계가 엎드려 경배하며 무릎을 꿇게 되었으니 그 죽음은 복된 죽음입니다. 또한 예수님을 왕으로 높이고 경배하는 이 일이 1년, 10년, 100년을 지나 2천 년이 지난 오늘에 이르기까지 계속됨을 생각할 때 그 죽음이야말로 복된 죽음이라 아니할 수 없습니다.

그뿐만 아니라 예수님의 죽음이 복된 것은 그가 죽으시고 3일 만에 부활하셨기 때문입니다. 예수님이 죽으신 그대로 무덤에서 썩어 버렸다면 그분이 어떻게 예배의 대상이 될 수 있겠습니까? 2천 년의 역사 동안 인생이 그를 섬겨 왔다 한들 무슨 소용이 있겠습니까? 그러나 그가 다시 살아나셨기에 그 모든 것에 의미가 있습니다. 예수님은 부활 후 승천하셨고, 그 후 다시 영으로 오셔서 인류를 통찰하시게 되었습니다. 예수님의 죽음은 전 인류에게 복을 끼치며 소망의 확신을 주신 죽음이니, 그 죽음이 바로 복된 죽음입니다.

인생의 죽음은 비참한 것입니다. 죽음으로 세상에서의 생이 끝이요 그 인생의 역사가 중지되는 것이니, 평안하게 죽든 객사를 하든 일찍 죽든 다 슬플 수밖에 없습니다. 그러나 오직 예수님의 죽음만은 그 어떠한 사람의 죽음과도 비교되지 않는 복된 죽음이었습니다. 외부적으로 나타난 죽음의 형상은 말할 수 없이 비참했지만, 그 죽음은 인류의 죄를 위하고 죽은 후 다시 살아날 죽음이며, 승천하신 후 영으로 인생의 영계靈界에 역사하실 죽음이었기에 복된 죽음이었습니다. 그뿐만 아니라 미래에 재림의 주님으로 오시어 세계를 심판하실 주님으로서의 죽음이었기에 그 죽음은 복된 죽음이었던 것입니다.

**2. 주 안에서 죽는 자의 죽음이 복된 죽음입니다.**

주 안에서 죽는다는 말은 예수님을 믿고 죽는다는 말씀입니다. 예수님을 믿고 죽는 죽음은 한없이 복된 죽음입니다. 예수 믿는다는 이유로 어떤 이는 자식에게 구박을 당하고, 혹은 부모에게 쫓겨나기도 합니다. 단지 예수 믿는다는 이유 때문에 무고하게 매를 맞고 핍박을 받습니다. 예수 믿기 때문에 고생고생한 성도들도 많습니다. 기독교 2천 년 역사를 살펴보면 순교자들이 많이 있습니다. 그들 중에서도 참으로 비참하게 죽은 순교자들이 있습니다. 옷을 벗기고 얼음에 넣어 얼어 죽게 하고, 불에 태워 죽이고, 살갗을 벗겨 죽이고, 맹수의 밥이 되게 하는 등 말할 수 없이 비참한 죽음을 당하였습니다. 모두 예수를 믿는다는 이유로 죽임을 당한 것입니다.

그런데 이러한 비참한 죽음들이 복이 있다니 무슨 말입니까? 그것은 예수 믿는 성도들은 예수님의 공로로 죄 사함을 받았기 때문입니다. 죄 사함을 받은 성도의 죽음은 예수님과 같은 영광의 모습으로 부활할 수 있습니다. 우리는 이것을 확실히 믿습니다. 죄가 없으신 예수님의 죽음이 3일 후 부활의 모습으로 나타났듯이 예수 믿어 죄 사함 받은 성도의 죽음 역시 부활로 나타날 것입니다. 이것은 분명한 우주의 진리입니다.

그러므로 주 안에서 죽는 성도의 죽음은 복된 죽음이요, 동시에 죄 사함을 받은 죽음입니다. 예수님을 믿는다는 이유로 집에서 쫓겨나고 매도 맞고 감옥에도 갇히고 순교를 해도 죄 사함을 받은 성도의 생활이요 죽음이니, 복된 삶이요 복된 죽음이 되는 것입니다.

인생은 모두 죽습니다. 누구든 다 죽습니다. 죽음과 아무런 관계가 없는 사람처럼 행세하며 분주히 날뛰어도 그 역시 인생이므로 죽습니다. 죽음이라는 사실은 마찬가지지만 죄를 가지고 죽는 사람과 죄 사함을 받은 사람의 죽음과는 차이가 있습니다. 앞의 죽음은 비참한 것이며, 뒤의 죽음은 복된 것입니다.

성도가 땅 위에 살면서 죄 사함을 받아 깨끗하고 거룩하게 선을 좇아 산다 해도 별 평안함과 부귀영화가 없다 해서 실망이 됩니까? 명심하십시오. 죽음 건너편에는 참으로 복된 세계가 있습니다. 이는 성경이 가르치는 내용이니 믿어야 합니다. 이 세계가 있기 때문에, 이 영광스러운 나라가 있기 때문에 성도의 죽음이 복된 것입니다. 죽음의 문을 넘어서야 이 아름다운 세계에 들어갈 수 있기 때문입니다.

범죄하기 이전의 에덴동산에는 고통이 없었습니다. 슬픔이 없었습니다. 괴로움도 없었습니다. 언제나 기쁘고 언제나 즐거웠습니다. 그렇다고 하면 죄 사함을 받은 성도의 생활은 범죄 전 에덴동산의 생활과 같은 아름다운 생활이 되어야 하지 않겠습니까? 그러나 여전히 고통과 괴로움이 있고 울적함과 비참한 일들을 목격해야 하니 어인 일입니까? 이 문제는 오랫동안 저의 숙제 중의 하나였습니다. 그러나 저는 해답을 얻었습니다.

죄 사함을 받은 성도라 할지라도 죄가 있는 세상에 살기 때문에 더 많은 고통과 괴로움을 당해야 한다는 사실을 깨달은 것입니다. 그러나 마음에 누리는 평안과 즐거움은 범죄 이전의 아담이 에덴동산에서 누리던 것 이상으로 누릴 수 있습니다. 그리고 참기쁨과 평안은 에덴동산보다 더 좋은 낙원에 있는 것이 분명합니다. 그곳은 바로 천국입니다. 천국은 죄 사함 받은 성도만이 갈 수 있고 죄 없는 완전한 인간만이 누릴 수 있는 복락福樂입니다. 이 세상은 죄가 있는 세상이요, 죄 문제를 해결받지 못한 사람도 함께 살고 있습니다. 따라서 죄 사함을 받은 성도가 세상을 살아가기에는 더욱 괴롭고 고통스러울 수밖에 없습니다.

양심적으로 살려고 할수록 고통은 더욱 심하고, 의롭게 살려고 하면 바보 취급을 받고, 사람답게 살려면 더욱 괴로움을 받는 세상이니 이런 세상이 얼마나 가겠습니까? 이러한 죄악의 세상이기에 우리 예수님이 십자가에 못박혀 돌아가신 것입니다. 그러므로 우리에게 고통이 없을 수 없으며 죽음도 복되다는 것입니다. 죄 없는 하늘나라, 에덴동산보다 더 아름다운 낙원이 이 세상 건너편에 있습니다. 이 낙원, 이 천국에 들어가기 위해서는 죽음의 문을 통과해야만 하므로 죽음이 복된 것입니다. 주님의 이름으로 죄 사함을 받은 자만이 천국에 들어갈 수 있습니다. 그러므로 주 안에서 죽는 자가 복되다고 하는 것입니다.

## 결론

인생의 죽음은 비참하기 그지없습니다. 죽음은 범죄한 결과로 나타난 형벌이기 때문입니다. 그러므로 죽음은 저주 중에 큰 저주입니다. 그러나 주 안에서 죽는 자의 죽음은 복됩니다. 왜냐하면 예수님 스스로 복된 죽음의 모형이 되셨기 때문입니다. 즉 예수님의 죽음을 통하여 인류가 구원을 받았고, 그 죽음 후에 부활이 있었으며, 영화로운 몸으로 승천하시고, 지금도 영으로 성도들과 함께하셔서 경배를 받으시기 때문입니다. 주 안에서 죽는 자는, 예수님의 공로로 죄 사함을 받아 죽은 후 부활하여 에덴동산보다 더 아름답고 영광스러운 하늘나라에서 영원히 살 수 있게 되므로 복된 죽음입니다.

죄 사함을 받은 영혼은 복됩니다. 영광을 누릴 수 있게 되었으니 얼마나 복된 일입니까? 저는 믿습니다. 안 믿을 수가 없습니다.

〈개혁주의〉 제38호(1970)

# 신자는 승리자



"하나님께로서 난 자마다 세상을 이기느니라"라고 하신 말씀대로 신자는 승리자입니다. 신자는 세상에서 벌써 이긴 자들이라는 뜻입니다.

요즈음 입학시험이 한창인데 시험에 합격한 학생들을 이긴 자라고 할 수 있습니다. 세계 올림픽 대회에서 1위를 차지한 자를 승리자라 할 수 있습니다. 미국과 소련이 달나라 정복을 위하여 경주를 했습니다. 여러 번 시험해 보고 노력한 끝에 드디어 미국의 아폴로 11호가 달에 착륙함으로써 우주 정복의 첫발을 내딛었으니 미국은 우주 정복의 승리국이라 할 수 있습니다. 약육강식弱肉强食이라는 말이 있습니다. 강한 것이 약한 것을 잡아먹는 이치를 일컫는 말입니다. 그 말처럼 이긴 자는 살고 이기지 못한 자는 죽습니다.

무형無形한 세상에서도 사람의 몸을 해롭게 하는 요소가 많습니다. 겨울에는 특히 연탄가스 중독으로 많은 사람이 죽어 갑니다. 연탄가스는 인체에 해롭습니다. 우리는 잘 모르는 사이 일상생활에서 많은 연탄가스를 마시고 있습니다. 연탄가스뿐 아니라 많은 병균이 혼합된 공기를 마시고 있습니다. 도시에서는 특히 자동차에서 나오는 독한 가스가 공기를 탁하게 합니다. 많은 공장 굴뚝에서 나오는 어두운 공기를 사람들은 아는 중 모르는 중에 마시고 있습니다. 일본 오사카에는 공장이 너무 많아 일 년 중 하루도 맑은 하늘을 볼 수 없다고 합니다. 자동차에서 풍기는 가스로 하늘이 노랗게 될 정도라니 얼마나 그 공기가 탁하겠습니까?

탄산가스는 인체에 많이 해롭습니다. 그러나 사람들은 이 혼탁한 공기를 마시면서도 살아갑니다. 탁한 공기를 이겨 낼 수 있는 저항력이 있기 때문입니다. 그러므로 산다는 것은 곧 이기는 것을 말합니다. 이기는 것은 곧 산다는 것입니다. 세상에서 살기 위해서는 이겨야 하는데, 이기는 것이 믿는 일이라고 했습니다. 믿는 것이 곧 이기는 것이라는 의미입니다. 그러므로 신자는 승리자입니다. 또한 그렇기 때문에 신자는 산 자입니다.

세상에서 이긴다고 할 때 죽음을 이기는 일보다 더 큰 이김이 있겠습니까? 인생이 죽음을 이긴다는 것은 한없이 큰 이김입니다. 죽음을 이기는 이 승리만 인생에게 있다면 세상에 무서울 것이 무엇이며 문제될 것이 무엇입니까? 세상의 모든 문제는 죽음 문제만 해결되면 문제될 것이 없습니다.

죽음을 이기는 일은 어떻게 할 수 있겠습니까? 죽음 문제는 인생의 힘으로는 어쩔 수 없습니다. 이 일은 하나님만 하실 수 있습니다. 신자의 세계에서 하나님만이 죽음을 이기는 것을 보여 주십니다. 죽음을 이기는 것을 보여 주시는 것이 성경입니다. 죽을 자를 죽지 않게 하시는 이는 하나님뿐입니다. 인생은 죽음이 왔을 때 안 죽으려고 해도 어쩔 수 없고, 죽을 아이를 죽지 않게 하려고 부모가 아무리 애를 써도 허사입니다. 죽는 인생을 죽지 않게 하시는 이는 오직 하나님뿐입니다. 하나님만이 이 일을 하실 수 있습니다.

왜 그럴까요? 왜 하나님만이 죽음 문제를 해결하실 수 있습니까? 왜 하나님만이 죽어 가는 인생을 죽지 않게 하실 수 있습니까? 하나님이 영이시기 때문입니다. 하나님은 영이십니다[요 4:24]. 영은 죽는 법이 없습니다. 영은 신이시니, 신은 죽을 수 없습니다. 죽는 것은 영이 아닙니다. 하나님은 영이시므로 영이신 하나님은 죽는 일이 없습니다. 하나님은 영이시므로 영이신 하나님은 죽을 수도 없습니다. 하나님은 영이신 고로 영은 죽음이 없습니다. 영이신 하나님께서 사람을 영으로 취급하실 때 죽음이 없습니다. 영은 죽음이 없습니다. 영은 죽을 수가 없습니다.

우주 간에 생명을 소유한 동물 가운데서 사람만 영혼이 있습니다. 그렇기 때문에 사람만이 하나님을 믿습니다. 하나님을 믿는 사람이 풀무불 가운데 들어갔는데 사람이 죽지 않았습니다. 이상하지 않습니까? 사람이 뜨거운 풀무불에 던짐을 받았는데 타 죽지 않다니 이게 어인 일입니까? 극렬히 타는 풀무불 가운데서도 머리털 하나 타지 않고 살아 나왔습니다. 이 사건을 통해 영이신 하나님께서 영과 육을 가진 인생을 영으로만 취급하실 때 풀무불 속에서도 인생이 죽지 않는 원리를 보여 주신 것입니다. 사람이 사자의 날카로운 이빨 아래 있어도 하나님께서 사람을 영으로 취급하시면 잡아먹히지 않는 것입니다. 하나님께서 사람을 영으로 취급하시면 사람이 사자의 눈에 보이지 않을 수도 있습니다.

하나님은 영이요, 영은 죽을 수 없습니다. 또한 우리가 하나님을 믿는다는 것은 하나님을 의지한다는 것입니다. 눈에 보이는 인생이 눈에 보이지 않는 하나님을 의지한다는 것입니다. 믿는다는 것은 또한 맡긴다는 것입니다. 인생이 하나님을 의지하고 하나님께 맡길 때 하나님은 그 인생을 영으로 취급하십니다. 죽지 않게 하십니다. 그러므로 인생은 하나님을 예배할 때 신령과 진정으로 예배해야 합니다 [요 4:24].

여러분은 혹 이런 질문을 하실지 모르겠습니다. "하나님은 영이시고 영은 죽지 않는다고 했으니, 인생도 영이 있으므로 자기 스스로 죽지 않을 수 있지 않겠는가?” 하는 질문입니다. 그러나 사랑하는 여러분! 이것을 알아야 합니다. 하나님은 자존자自存者이시고, 인생은 피조물被造物입니다. 이것은 매우 중요한 차이입니다. 피조물은 자존자가 아니며, 피조물은 자기 스스로 아무것도 할 수 없습니다. 그러므로 하나님께서 우리를 영으로 취급해 주셔야 죽지 않고 살 수 있습니다. 요한복음 11장 25-26절에 말씀하시기를 “예수께서 가라사대 나는 부활이요 생명이니 나를 믿는 자는 죽어도 살겠고, 무릇 살아서 나를 믿는 자는 영원히 죽지 아니하리니 이것을 네가 믿느냐?”고 했습니다. 믿는 자는 죽어도 살겠고 살아서 믿는 자는 영원히 죽지 않는다는 말씀은, 하나님께서 사람을 영으로 취급하신다는 뜻입니다. 인생의 영은 죽지 않는다는 것을 말씀하시는 것입니다.

믿는 사람은 승리한다는 말을 하는데, 승리란 살았다는 말입니다. 믿는 자는 하나님께 맡기며 의지합니다. 하나님께 맡기며 의지하는 자는 영이 죽지 않습니다. 죽지 않는 것은 곧 승리입니다. 하지만 인생은 피조물입니다. 그러므로 창조자 되신 하나님께 붙어 있어야 피조물은 영원히 살 수 있습니다.

죽는다는 것은 무엇입니까? 죽는다는 것은 슬프고 비참합니다. 죽는 것은 마지막입니다. 죽는 것은 허무한 것이고 절망적입니다. 죽는 것은 하나님께 버림받은 상태를 말합니다. 하나님께 버림받음보다 더 슬프고 괴롭고 고독하고 적막하고 절망스러운 일이 어디 있겠습니까?

　예수님께서 십자가 위에서 운명하실 때 "엘리 엘리 라마 사박다니"[마 27:46]라고 하셨습니다. 이 말씀은 "나의 하나님 나의 하나님 어찌하여 나를 버리셨나이까?" 하는 뜻이니 죽음이 무엇인지 잘 알 수 있습니다. 죽음은 하나님께 버림받은 상태입니다. 하나님께 버림받은 그 상태는 사는 것이 죽는 것보다 못합니다. 차라리 죽어 없어지는 것이 나은 상태입니다. 하나님께 버림받은 상태는 사는 것이 죽는 것보다 괴롭습니다. 가룟 유다는 예수님을 판 후 그의 삶이 저주스러워 자기 목숨을 자기 손으로 끊었습니다. 하나님께 버림받은 영은 사는 것이 죽는 것보다 더 괴롭기 때문입니다. 이런 상태를 가리켜 성경은 죽음이라고 했습니다. 믿음은 곧 이기는 것입니다. 믿음이란 영이신 하나님 앞에 내 영혼을 맡겨 놓는 것입니다.

　하나님은 죄가 없으신 분입니다. 그러기에 평안과 화평이 있을 뿐입니다. 그러나 인생은 죄가 있어, 죄를 가진 인생은 언제나 불안하고 초조하고 공포에 싸여 있습니다. 죄를 범한 인생은 하나님께 버림받은 상태이기 때문입니다. 하나님께 버림받은 영은 언제나 공포 중에 있습니다.

　우리는 살아 계신 하나님을 믿습니다. 따라서 하나님의 말씀이 그대로 이루어질 것을 믿습니다. 하나님은 성경에 많은 예언의 말씀을 주셨습니다. 이렇게 되리라는 말씀이 많이 있습니다. 그 말씀들이 그대로 이루어질 것을 믿습니다. "하나님을 믿으니 또 예수님을 믿으라. 그러면 산다"고 하신 말씀을 믿습니다. 하나님께서 우리를 위해 하신 그 일을 우리가 믿읍시다. 십자가에서 돌아가신 예수님을 믿읍시다. 그를 믿을 때 공포와 고통이 없어집니다. 내가 얼마나 그를 믿느냐가 문제입니다.

산다는 것은 이기는 것이요, 이긴다는 것은 예수 그리스도를 믿음으로 말미암아 됩니다. 이기면 삽니다. 내가 살아 있는 것은 이겼기 때문입니다. 인생은 부단히 싸우고 있습니다. 병과 싸웁니다. 죄와 싸웁니다. 그런데 나도 알지 못하는 사이에 이기면서 살아갑니다. 내가 이기려고 해서 이길 수 있는 것이 아닙니다. 하나님께서 이기게 하셔야 가능합니다. 하나님은 인생을 창조하실 때 이길 수 있도록 창조하셨습니다. 이겨 가면서 살도록 허락을 받은 것입니다.

죽음을 이기는 일은 영이라야 가능합니다. 영이 어찌 죽겠습니까? 영이라야 살 수 있습니다. 그러나 인생은 죄로 말미암아 이미 죽었기 때문에 어쩔 수가 없습니다. 인생은 에덴동산에서 벌써 죽었습니다. 하나님은 영이시기 때문에 하나님께서 함께하시지 않으면 인생은 실패하고 맙니다. 죽음에서 어쩔 수 없습니다. 고통을 벗어날 수 없습니다. 이기게 해 주는 믿음 외에는 그 무엇도 어쩔 수 없습니다. 그래서 우리는 우리 하나님께 맡기고 의지하고 살아갑니다. 우리는 오직 믿음으로 살아갑니다. 그러므로 믿음은 승리요, 승리는 곧 생명입니다.

고통과 저주와 심판과 지옥에서 실패할 수밖에 없는 나를, 예수님께서 승리하시므로 승리하게 해 주셨습니다. 승리자는 예수님께만 모든 것을 맡기고 의지하면서 살아갑니다. 오직 믿음으로만 살아가십시다. 예수님이 항상 나와 함께하심을 믿으면서 살아가십시다.

1970년 2월 8일[1]

---

1. 《신앙 세계와 천국》(1970).

# 그리스도의 부활의 의의

고린도전서 15장 1-13절

예수님께서 십자가에 못박혀 돌아가셨을 때 그를 아는 모든 사람은 슬픔에 잠겼으며, 낙심했습니다. 죽었다는 것은 절망입니다. 한없는 슬픔입니다. 모든 것이 끝난 것입니다.

그러나 예수님은 성경대로 3일 후 다시 사셨습니다. 부활하셨습니다. 부활은 곧 생명입니다. 소망입니다. 부활은 즐거움입니다. 기쁨입니다. 부활하셨다는 이 말 한 마디만 생각하여도 가슴 벅찬 환희를 느낍니다. 부활은 우주적인 기쁨이 아닐 수 없습니다.

왜 그리스도는 부활하셨을까요? 왜 그리스도는 부활하시지 않으면 안 되었을까요? 분명코 예수님은 부활하셔야만 했습니다. 그 부활의 필연성이 무엇입니까? 오늘 부활주일을 맞이하여 이 문제를 한번 생각해 보도록 하십시다.

## 1. 예수님은 우주 간에 홀로 경배를 받으실 하나님이시기 때문입니다.

성경은 예수님께서 그리스도이심을 말씀하고 있습니다. 성경은 예수님께서 하나님이심을 말씀하고 있습니다. 그러므로 성경은 분명코 예수님은 죽었다가 살아나셔야 할 그리스도이심을 증명하는 것입니다. 그리스도는 하나님이시므로 전 인류의 기대와 소망의 대상이 되셨습니다.

우리가 삼일교회[1]에서 예배드리는 이 시간에 부산 다른 교회에서도, 서울 여러 교회에서도 예배드리고 있습니다. 일본 여러 교회에서도, 미국 각 교회에서도, 이 시간에 성도들이 예배드리고 있습니다. 이 시간 우리 하나님은 어디에나 계셔서 예배를 받으십니다. 하나님은 우주 간에 충만하신 하나님이십니다. 그렇다고 범신론汎神論적인 신이라는 말은 아닙니다. 범신론은 신과 우주를 동일시합니다. 신 가운데 우주가 있고, 우주 가운데 신이 있다고 생각합니다. 이 사상은 곧 신이 우주요, 우주가 곧 신이라는 것입니다. 우주 외에는 따로 신이 없다는 사상이 범신론입니다.

---

1. 한상동 목사가 1951년 10월에 설립한 교회. 그는 삼일교회에서 22년을 목회하고 은퇴했다.

제가 말하는 하나님은 범신론자가 말하는 신이 결코 아닙니다. 우리의 하나님은 우주 안에 계시고 또한 우주를 초월하신 하나님이십니다. 하나님은 어디나 계십니다. 인공위성[2]을 타고 달나라에 갔다고 해도 그곳에서 "오 하나님이여!" 하고 부르면 하나님은 응답하십니다. 그곳에도 하나님은 계십니다. 이것이 참하나님이십니다. 이렇게 되어야 참종교가 아니겠습니까?

공자는 좋은 말을 많이 했습니다. 공자가 이렇게 말했다고 할 때 우리는 그 말이 공자의 말인 줄 알고, 참 좋은 말이요 옳은 말이라고 믿습니다. 석가가 이렇게 말했다고 할 때 그 말은 참 좋은 말이요, 옳은 말이라고 생각합니다. 소크라테스가 이런 말을 했다고 할 때 그것은 참 믿을 수 있는 말이라고 생각합니다. 그리스도께서 이렇게 말했다고 할 때 진리의 말씀이라고 믿습니다. 그러나 우리가 믿는다고 할 때 이 믿음은 그 사람의 말을 긍정하고 시인한다는 뜻에서 믿는다는 말과는 의미상으로 다릅니다. 우리가 하나님을 믿는다고 할 때, 그 믿음은 의지하는 것을 말합니다. 나의 전부를 하나님께 맡기는 것을 말합니다. 천지 간에 우리가 의지할 수 있고, 우리의 모든 것을 맡길 수 있는 분은 하나님뿐입니다.

석가나 공자나 소크라테스를 비롯한 기타 모든 위인들은 진실한

---

2. 한상동 목사는 우주선을 의미하는 곳에서 종종 '인공위성'이란 단어를 사용한다.

말, 참 좋은 말을 했고, 아름답고 교훈이 되는 인생·윤리·도덕을 말해 주었습니다. 하지만 그들은 다 죽고 말았습니다. 지금 그 위인들에게서 얻을 수 있는 것은 그들이 남긴 말뿐입니다. 그들은 다 죽었기 때문에 그것으로 끝난 것입니다. 그러므로 그들은 결코 우리의 기도를 들어줄 수 없습니다. 그들은 모두 사람이었습니다. 죄를 가진 사람들이었습니다. 그들은 시간과 공간을 초월하지 못했습니다. 그들도 다 아담의 후손들이기에 원죄原罪가 있고 자범죄自犯罪(자기 스스로 짓는 죄)가 있습니다. 그들도 똑같은 죄인인데 어찌 우리의 기도를 들어줄 수 있겠습니까?

예수님은 사람으로 세상에 오셨습니다. 참하나님이시면서 완전한 사람으로 세상에 오셨습니다. 예수님은 지상의 생애를 끝내시고 십자가 위에서 죽으셨습니다. 그런데 문제는 예수님께서 십자가에 못박혀 죽으신 그것으로 끝나지 않았다는 것입니다. 그것으로 끝나셨다면 그도 우리의 기도 대상이 될 수 없습니다. 죽으신 그대로라면 우리의 신앙 대상이 될 수 없습니다. 다만 예수님께서 하신 말씀과 교훈만이 남았을 것입니다. 인생들은 그 말과 교훈은 믿을 수 있었을 것입니다. 만일 죽으신 그대로라면 예수님도 공자나 석가나 소크라테스나 다른 위인들과 같을 것입니다. 그러나 그리스도는 죽으신 후 3일 만에 다시 살아나셨습니다. 부활하신 것입니다. 그래서 예수님은 인생에게 소망이요 기쁨이며 신앙의 대상입니다. 우리를 전적으로 맡길 수 있는 의지요 생명이십니다.

예수님은 살아나시되 육체를 가지고 부활하셨습니다. 잘못된 교리를 가진 어떤 종파에서는 예수님의 부활은 시인하면서도 육체로 부활하신 것은 부인합니다. 미혹迷惑되지 않기를 바랍니다. 이것은 이단異端입니다. 성경은 분명히 예수님께서 육체로 부활하신 것을 말씀하셨습니다[눅 24:39 참조].

예수님은 부활하셔서 승천하셨습니다. 승천하신 후에는 성령으로 다시 오셔서 사람의 마음에 역사하십니다. 영으로 오셔서는 우주 간에 충만하셨습니다. 그러므로 한국에도, 일본에도, 미국에도, 유럽에도, 어디든지 계시는 영이 되셨습니다. 그리하여 지금은 어디서나 그의 이름을 부르는 자와 함께하시며, 부르짖는 기도를 들어주십니다. 이러한 신앙의 대상이 되시기 위해 예수님은 부활하신 것입니다.

예수님은 부활하시어 승천하시고 영으로 우리에게 다시 오사 역사하심으로, 우리의 예배 대상이 되시며 기도와 신앙의 대상이 되셨습니다. 이 사실을 어떤 학문으로 이해시킬 수 있겠습니까? 성령께서 믿게 해 주시지 않으면 도무지 어찌 할 수 없는 것입니다. 믿음이 아니고는 도무지 해결할 수 없습니다. 유대 나라 그곳에서 2천 년 전에 십자가에 못박혀 죽으시고 부활하시고 승천하시고 성령으로 오시고, 다시 세상 끝 날 영광스러운 모습으로 만인이 보는 가운데 강림할 그리스도를, 신앙의 세계를 떠나서는 이해할 수 없는 것입니다.

예수님은 오늘도 우리의 기도 대상이시며, 예배의 대상이십니다. 내가 세상 떠날 때, 생명을 맡길 수 있는 대상이 있다는 것은 얼마나 든든한 일이며 소망에 찬 일입니까? 만일 내가 세상 떠날 때 내 영혼을 맡길 수 있는 분이 계시지 않는다면 절망하고 말 것입니다. 예수님은 이 일을 맡아 주시기 위하여 세상에 오셨다가 죽으시고 부활하셨습니다. 전 인류의 소망이 되시기 위하여, 섬김 받을 대상이 되시기 위하여 부활하셨습니다. 인생의 심각한 죽음 문제를 해결해 주시기 위하여 예수님은 죽음 가운데서 부활하셨습니다. 그런고로 우리는 참으로 죽임을 당할지라도 예수님 없이 살 수 없습니다. 또한 예수님은 부활하심으로써 우주의 주인이 되셨으며, 영계靈界를 통치하시고 우주를 다스리게 되신 것입니다.

**2. 예수님은 사람이면서 죄가 없으셨기 때문에 부활하셨습니다.**

예수님은 부활의 첫 열매가 되셨습니다. 왜 예수님은 부활의 첫 열매가 되셨을까요? 예수님은 죄가 없으시기 때문입니다. 그리고 순서에 따라 모든 사람도 죽음 후에 다 부활할 것입니다. 고린도전서 15장 23-24절에 "그러나 각각 자기 차례대로 되리니 먼저는 첫 열매인 그리스도요 다음에는 그리스도 강림하실 때에 그에게 붙은 자요 그 후에는 나중이니"라는 말씀처럼 예수 믿는 성도들만 부활하는 것이 아니고, 불신자도 다 부활하는 것입니다.

부활은 하지만 그 종류는 다릅니다. 요한복음 5장 29절에 "선한 일을 행한 자는 생명의 부활로, 악한 일을 행한 자는 심판의 부활로 나오리라" 하셨습니다.

사람의 육체는 죽어서도 없어지지 않고 다 부활합니다. 우주 간에 모든 물체가 소멸되지 않고 다 그대로 기체로 남아 있는 것입니다.[3] 그러므로 사람의 육체 또한 모두 부활할 것입니다. 이때 죄가 없어진 육체는 예수님과 같은 영화로운 부활로 나타납니다. 반면에 죄를 사함 받지 못한 불신자의 육체는 심판의 부활로 나타납니다. 이 문제를 어찌 사람의 지식으로 이해할 수 있겠습니까? 신앙 세계에서만 이 문제를 해결할 수 있습니다.

하나님의 말씀은 그대로 이루어집니다. 마태복음 24장 35절에 "천지는 없어지겠으나 내 말은 없어지지 아니하리라"는 말씀은 진리입니다. 인생의 부활을 성경이 말했습니다. 성경이 말한 것은 그대로 이루어질 것을 믿습니다. 성경이 말한 것을 하나님께서 이루어 주시리라 저는 확실히 믿습니다. 과거의 일이 성경대로 이루어졌으니 성경이 말한 미래사가 그대로 이루어질 것을 믿습니다.

죄 없으신 예수님은 영화로운 모습으로 부활하셨습니다. 예수님께

---

3. 이 구절은 인간의 육체가 종국적으로는 다시 살아날 것이라는 앞 구절과 연결되어 있다. 죽음 이후 다시 부활할 때까지 육체와 물질의 상태를 논하는 것인데, 이 기간에도 모든 것이 없어지지 않음을 강조하는 표현이다.

서 영화롭게 부활하심은 그에게 죄가 없으셨기 때문입니다. 성도들은 그리스도의 피 공로로 죄 사함을 받았기 때문에 영화로운 모습으로 부활할 것입니다. 우리가 예수님 공로로 죄 용서 받았다고 확실히 믿을 때에는 마음에 죄가 없어질 뿐 아니라 육체의 죄도 없어집니다. 그러므로 땅 위에 살아 있는 지금 예수님께서 재림하시면 홀연히 변화될 수 있습니다.

### 결론

예수님은 다시 세상에 오십니다. 예수님이 오시면 죽은 자는 부활하고 살아 있는 성도는 변화합니다. 예수님은 우리 죄를 위하여 십자가를 지고 죽으셨지만, 예수님 자신은 죄가 없으시기 때문에 예수님은 영광의 부활을 하셨고 승천하셨습니다. 예수님은 부활의 첫 열매가 되셨습니다. 그에게 속한 성도들은 그다음 열매로 주렁주렁 부활할 것입니다.

예수님께서 성경대로 부활하셨으니 우리도 성경대로 부활할 것입니다. 그대로 될 것을 확실히 믿습니다.

1970년 4월 29일[4]

---

4. 《신앙 세계와 천국》(1970).

# 3. 인생: 영적 싸움과 영적 여정

* 3부는 한상동 목사 친필 설교 자료에서 발췌했다. 그는 신약성경과 구약성경에 등장하는 다양한 주제, 구약의 사기史記, 장로교 헌법과 관련된 설교와 주해를 남겼다. 2,600여 쪽에 이르는 친필 설교 원고는 전7권으로 구성되어 있으며, 730여 개의 설교와 주해 대지를 담고 있고, 1권을 제외한 각 권은 3-4개의 장으로 구분되어 있다. 설교를 기록한 날짜는 대부분 기록되어 있지 않으나 몇몇 설교는 작성일을 정확히 담고 있다. 이 책에서는 《수서본 설교집》으로 표기한다.

세상 중에서 내게 주신 사람들에게 내가 아버지의 이름을 나타내었나

이다 저희는 아버지의 것이었는데 내게 주셨으며 저희는 아버지의 말

씀을 지키었나이다[요 17:6].

여호와께서 아브람에게 이르시되 너는 너의 본토 친척 아비 집을 떠나

내가 네게 지시할 땅으로 가라[창 12:1].

하나님께서는 신앙의 조상인 아브라함을 나그네 생활을 시키셨습

니다. 세상에서는 나그네 생활을 하되 하나님 나타나는 곳, 하나님의

지시를 받으라 하셨습니다.

여호와여 나의 기도를 들으시며 나의 부르짖음에 귀를 기울이소서 내
가 눈물 흘릴 때에 잠잠하지 마옵소서 대저 나는 주께 객이 되고 거류
자가 됨이 나의 모든 열조 같으니이다[시 39:12].

나는 땅에서 객이 되었사오니 주의 계명을 내게 숨기지 마소서[시
119:19].

이 사람들은 다 믿음을 따라 죽었으며 약속을 받지 못하였으되 그것들
을 멀리서 보고 환영하며 또 땅에서는 외국인과 나그네로라 증거하였
으니[히 11:13].

외모로 보시지 않고 각 사람의 행위대로 판단하시는 자를 너희가 아버
지라 부른즉 너희의 나그네로 있을 때를 두려움으로 지내라[벧전 1:17].

나의 나그네 된 집에서 주의 율례가 나의 노래가 되었나이다[시
119:54].

오직 우리의 시민권은 하늘에 있는지라 거기로서 구원하는 자 곧 주
예 수 그리스도를 기다리노니[빌 3:20].

저희가 나온바 본향을 생각하였더면 돌아갈 기회가 있었으려니와 저
희가 이제는 더 나은 본향을 사모하더니 곧 하늘에 있는 것이라 그러
므로 하나님이 저희의 하나님이라 일컬음을 받으심을 부끄러워 아니
하시고 저를 위하여 한 성을 예비하셨느니라[히 11:15, 16].

야곱이 바로에게 고하되 내 나그네 길의 세월이 일백 삼십 년이니이다
나의 연세가 얼마 못 되니 우리 조상의 나그네 길의 세월에 미치지 못

하나 험악한 세월을 보내었나이다 하고[창 47:9].

## 1. 인생의 본향은 무죄한 세계입니다.

하나님께서 인생을 창조하실 때 죄인으로 창조하지 아니하셨습니다. 선악과를 먹기 전 상태로 인생을 창조하셨습니다. 그렇기 때문에 인생은 죄 없는 세계를 그리워합니다. 도적이 없는 세계에 살면 얼마나 좋겠습니까? 사람을 치고 때리고 죽이고 하는 싸움이 없는 세계, 거짓으로 속이고자 하는 사기꾼이 없는 세계를 그리워합니다. 사람은 다 자기는 도적질하면서도, 자기는 거짓되면서도, 자기는 남을 속이면서도, 자기는 남을 미워하면서도 자기는 모든 사람에게 사랑을 받고자 합니다. 다시 말하면 죄 없는 세계를 그리워합니다. 이는 본래 죄 없는 세계가 인생의 본향이기 때문입니다.

그런고로 인류 사회는 국가도 죄 없는 사회, 죄 없는 국가를 만들어 보려고 애를 씁니다. 도적 없는 사회와 국가, 사기꾼 없는 국가와 사회를 만들기 위해 애를 씁니다. 또한 세계는 인류 사회와 이 세계를 평화의 세계로 만들어 보려고 평화를 부르짖습니다. 이것 역시 인생의 본향이 그러하기 때문입니다.

그런고로 고향을 떠난 아브라함은 "나온 바 본향을 사모하였으면 돌아갈 기회가 있었으려니와 더 나은 본향을 사모하니 이는 하늘에 간직한 것이라"고 말합니다[히 11:15-16]. 이는 본향을 찾아가 봤자 죄 있는 세상이라 싸우고 물고 찢고 속이고 죽이는 세상이기 때문입니다.

**2. 인생의 본향은 불만이 없는 세계였습니다.**

첫 사람 아담이 살던 에덴동산에는 불만이나 부족이 없었습니다. 혹자는 말하기를, 에덴동산에서도 무언가 불만이나 부족을 느꼈기 때문에 선악과를 따먹은 것이 아니냐고 합니다. 그러나 이는 잘못된 생각입니다. 결코 불만이나 부족이 있어서가 아니라 마귀의 유혹에 넘어가 선악과를 따먹은 것입니다. 지금도 우리 신자들은 구원받은 것으로 만족할 것이나 부절不絶히(끊임없이) 마귀로부터 유혹을 받습니다. 그런고로 우리 주님께서는 시험에 들지 않도록 기도하라고 하셨습니다.

과연 인생은 만족을 그리워합니다. 그러나 세상에 만족이 있습니까? 되면 더 되고 싶고, 알면 더 알고 싶으니 세상에서는 만족이 없습니다. 그러나 인생은 만족을 구합니다. 이는 인생의 본향이 만족했던 까닭입니다.

모든 것에 불만이 없고 부족이 없는 곳은 분명코 있을 것이니 이는 천국입니다. 불만이 없는 곳을, 부족이 없는 곳을 찾는 인생에게 이런 곳이 전혀 없겠습니까? 우리 주님께서 그와 같은 곳을 주실 것을 약속하셨습니다. 사람이 달나라에도 가고 싶었기에 갔거든, 하물며 전 인류가 요구하고 찾는 이곳이 없겠습니까? 주님께서 약속하셨으니 우리는 안심합니다.


### 3. 아버지가 계신 곳이 본향입니다.

탕자의 비유를 보면 아버지 계신 곳에 그를 해하려는 죄가 없고, 아버지 계신 곳에 불만이나 부족이 없습니다. 모든 것에 풍족하고 사랑만이 있는 곳, 아버지 계신 곳에 죄악이 있을 리 없고 부족이 있을 수 없습니다.

《수서본 설교집》 2권 4장

# 인생의 일생은 준비기

마태복음 25장 1-13절

본 장에 비유가 셋이 있으니, 열 처녀 비유와 달란트 비유와 이웃에게 대하는 비유입니다. 이 세 가지 비유가 다 인생 종말의 심판을 보여 줍니다. 다시 말하여 인생이 일생 동안 살았을 때 잘했느냐 잘 못했느냐를 보아 그 행한 대로 상을 주며, 또 벌을 준다는 것을 보여 주는 것입니다.

그런데 이 셋이 각각 다르니 다음과 같습니다.

**1. 기름은 하나님께 대한 것이니 곧 믿음을 말합니다.**

본문에 대한 설명이 필요합니다. 기름에 대한 준비란 믿음을 말하는 것입니다. 믿는다는 것은, 하나님 계심을 믿는 것이니, 이적과 기사를 보아 사람의 지식으로 '하나님이 계시는가 보다' 하고 믿는 것이 아닙니다. 성령의 역사로, 눈으로 보는 것보다 귀로 듣는 것보다 손으로 만지는 것보다, 마음으로 더 믿게 되는 것입니다. 이에 세상 모든 것보다 하나님이 두려워 범죄치 못합니다. 또한 인간의 힘으로 안 될 것을 하나님께서 되게 해 주실 것이라 믿으니 아주 다른 사람이 됩니다. 그리하여 일생 하나님을 믿으며 살아갑니다. 이 믿음은 하나님께서 성신聖神으로 주시는 것입니다. 이를 바로 기름에 비유한 것입니다.

**2. 달란트 비유인데, 이것은 자기의 재능대로 하나님께서 주신 것입니다.**

이는 자기에게 있는 모든 재능으로 하나님을 위하여 살겠다는 의미입니다. 왜냐하면 인생은 피조물인 까닭입니다. 그러므로 주님의 재림 시에 회계會計하는 것입니다.

**3. 사람이 사람에게 행하는 것에 대한 비유입니다.**

다시 말하면 네 이웃을 사랑하라는 계명입니다. 소나 개나 닭이나 양은 잡아먹어도 좋습니다. 그러나 사람은 하나님의 형상으로 창조된 것이요, 또한 영원한 천국에 가서 영원히 같이 있을 존재이니 영원한 사랑으로 동거하여야 합니다. 개나 소나 양이나 모든 동식물은 영원히 동거할 대상이 아닙니다. 영원히 동거할 사람을 위하여 있는 동물일 뿐입니다.

하나님 계심을 믿어야 하는 것은, 내가 하나님 나라에 들어가야 하는 인생이기 때문입니다. 내가 내게 있는 모든 것, 모든 재능으로 영원히 하나님을 위하여 살 때, 자신이 자신을 위하여 사는 것은 영원한 천국에서 살 나 자신을 위한 것이 아님을 알게 됩니다.

천국에서도 나 자신을 위하여 살면 분쟁이 끊이지 않을 것입니다. 하지만 이웃을 사랑하면 천국은 분쟁이 없고 천국다운 천국이 될 것입니다. 이에 합당치 못한 자는 심판을 받을 것인데, 천국에 못 들어가는 것이 곧 심판입니다.

《수서본 설교집》 2권 3장

# 인생의 두려움

마태복음 10장 24-28절

인생이 두려워하는 일에 대하여 성경의 많은 곳에서 여러 모양으로 기록하고 있습니다. 예를 들면, 아담과 하와가 선악과를 먹은 죄로 하나님이 두려워 나무 사이에 숨었고[창 3:10], 가인이 동생을 쳐 죽인 후 가인 자신도 죽임을 당할까 두려워 떨었습니다[창 4:8-14].

이 같은 두려움은 인생 전체에서 누구나 면할 수 없는 두려움입니다. 히브리서 2장 15절에 보면 "또 죽기를 무서워하므로 일생에 매여 종 노릇 하는 모든 자들을 놓아 주려 하심"이라 했습니다. 성경에도 인생에게 두려움이 있음을 말씀하셨고, 우리도 늘 두려움 속에서 살아갑니다. 그리하여 금일 이 두려움에 대한 문제를 가지고 생각해 보려 합니다.

**1. 인생의 두려움은 하나님을 찾도록 하기에 유익합니다.**

한 무신론자가 미국으로 가는 태평양 바다에서 풍랑으로 죽을 위기에 처하자 하나님을 찾더라는 이야기는 너무도 많이 들었을 것입니다. 짐승에게 두려움이 필요한 것은 그 동류同類의 번성을 위하여 생을 유지하기 위해서입니다.

인생도 그러합니다. 하지만 그건 하나님을 찾게 하기 위한 본능입니다. 어린아이가 두려울 때 엄마를 찾는 것은, 엄마에게서 나왔기 때문입니다. 사람이 두렵다든지 사람의 힘으로 할 수 없을 때 하나님을 찾는 것은, 하나님은 영이시라 영을 가진 사람이 영이신 하나님을 찾기 때문입니다. 이는 본능적이며 당연한 일입니다. 왜냐하면 사람의 영이 하나님께로부터 나왔기 때문이요, 육인 사람으로는 어찌할 수 없는, 남은 것은 영적 문제뿐인 까닭입니다. 고로 인생의 두려움은 하나님을 찾기 위한 것입니다.

**2. 인생의 두려움은 두려움을 면하기 위하여 생긴 것입니다.**

⑴ 범죄한 인생은 잡혀 가야 되고,

⑵ 두려움은, 잡혀 가면 망한다는 것의 예고입니다.

⑶ 동시에 이를 면하여 보려는 것이 인생입니다.

⑴ 범죄한 사람은 잡혀 가야 한다는 두려움이란, 어떤 농촌의 부

자가 소를 잃고 살인한 후 그 책임으로 잡혀 갈까 하여, 바깥에 사람이 눈에 어른거리기만 해도 가슴이 덜컥했다는 것과 같은 두려움입니다.

(2) 잡혀 가면 망한다는 것은 두려움이라는 자체가 말해 주는 진리이며 확신이니, 죽어서 지옥 간다는 것 또한 이를 예고합니다[마 10:27]. 이 두려움을 면치 못하고 끝까지 두려움으로 세상을 마치는 자는 "그러나 두려워하는 자들과 믿지 아니하는 자들과 흉악한 자들과 살인자들과 행음자들과 술객들과 우상 숭배자들과 모든 거짓말하는 자들은 불과 유황으로 타는 못에 참예하리니 이것이 둘째 사망"[계 21:8]입니다.

(3) 이 두려움을 면해야 한다고 성경은 지시하였습니다. "너희는 다시 무서워하는 종의 영을 받지 아니하였고"[롬 8:15], "하나님이 우리에게 주신 것은 두려워하는 마음이 아니요 오직 능력과 사랑과 근신하는 마음이니"[딤후 1:7], "사랑 안에 두려움이 없고 온전한 사랑이 두려움을 내어 쫓나니 두려움에는 형벌이 있음이라 두려워하는 자는 사랑 안에서 온전히 이루지 못하였느니라"[요일 4:18].

《수서본 설교집》 2권 3장

# 약자의 행복

마태복음 5장 38-48절

약육강식의 현실, 약한 자는 잡아먹히기만 하는 이 땅 위에서 약자의 행복이 말이 됩니까? 그러나 성경은 약자의 행복을 말합니다.

## 1. 예수님께서는 우리가 하나님의 아들이 될 것을 말씀하셨습니다.

"이같이 한즉 하늘에 계신 너희 아버지의 아들이 되리니"[마 5:45]. '이같이 한즉'은 어떻게 하라는 것일까요? 본문대로이니 악한 자를 대적하지 말고, 오른편 뺨을 치거든 왼편을 돌려 대며, 속옷을 가지고자 하는 자에게 겉옷까지도 가지게 하며, 억지로 5리를 가게 하거든 그 사람과 10리를 동행하고, 너의 원수를 사랑하며 핍박하는 자를 위하여 기도하라는 말씀입니다. 이같이 한즉 하나님의 아들이 될 것이라 하였습니다.

이 이상 더한 약자가 또 어디 있겠습니까? 때리면 맞고, 발길로 차면 채이고, 그뿐만 아니라 그 이상으로 오른편 뺨을 치면 왼편 뺨을 돌려 대라 하니 이 무슨 내용입니까? 이는 죄 짓지 말라는 내용임이 분명합니다. 이를 대항하는 것은 범죄이니, 너희는 죄인이 되지 말라는 교훈임이 분명합니다.

이렇게까지 죄가 없어야 하나님의 아들이 될 수 있습니다. "그러므로 하늘에 계신 너희 아버지의 온전하심과 같이 너희도 온전하라"[마 5:48]는 말씀을 성취하기 위해서는 오직 십자가로만 가능한 것입니다. 예수님께서 십자가를 지시고 우리 죄를 담당하여 주신 까닭도 교훈의 말씀을 성취하여 우리를 무죄케 하사 하나님의 자녀가 되게 하심이니, 진실로 약자로서 하나님의 자녀 되는 복을 받는 것입니다.

하나님의 자녀가 된다는 것은 영생을 얻는다는 복된 소식입니다. 송아지는 소의 연한年限(정해진 연수)을 가지며 강아지는 개의 연한을 가지듯이, 하나님의 자녀는 하나님의 영생의 연한을 가집니다. 하나님의 자녀는 이러한 복, 즉 영생의 행복을 누리는 것입니다. 이러한 의미에서 약한 자가 됨이란 범죄치 않기 위해 약할 수밖에 없는 약함입니다. 범죄치 않기 위한 약함이라면 어떠한 약함이라도 약해집시다.

**2. 약할 그때가 곧 강함입니다**[고후 12:10]**. 즉 강함의 복을 받는다는 것입니다.**

참으로 범죄치 않기 위한 약함에는 하나님의 권능이 함께하십니다. 성경의 실례를 보면, 죽으면 죽으리라는 자기의 약함에 의지하면서 범죄치 아니한 사드락, 메삭, 아벳느고의 약함이 있습니다. 사울 왕에 대한 다윗의 약함이 있습니다. 다윗이 하나님께서 좌우하시는 하나님의 종에게 손을 대지 아니하니, 즉 하나님 주권을 범하지 아니하니, 그러한 다윗이 땅 위에서 받은 복이 있습니다. 감옥에 갇혀 죽으면 죽으리라는 베드로가 하나님의 권능으로 감옥이 열리니 세상이 감당치 못하는 복을 받았습니다. 바울 역시 그리하였습니다. 이는 약하여 죽음을 당하는 인생을 살리기 위해 죽음의 건너편, 하나님의 권능을 보여 주시는 축복입니다. "그리스도께서 약하심으로 십자가에 못박히셨으나 오직 하나님의 능력으로 살으셨으니 우리도 저의 안에서 약하나 너희를 향하여 하나님의 능력으로 저와 함께 살리라"[고후 13:4].

《수서본 설교집》 2권 3장

# 인생은 자란다

베드로후서 3장 14-18절, 누가복음 2장 40절

다른 생물들은 자라기는 하나 한도가 있으니 이는 과거가 증명합니다. 물론 자란다는 것은 육체의 자람을 의미하는 것이 아니라 지혜, 지식의 자람을 말합니다. 거북이나 학은 오래 살지만 그 세계는 그 세계로 끝나 버립니다.

그러나 사람은 한없이 자랍니다. 과거를 보면 앞을 생각할 수 있습니다. 원시시대로부터 야만시대를 거쳐 금일에 이르기까지가 이를 증명합니다. 물론 개인 한 사람은 유한한 생명 시기까지만 자랍니다. 그러나 인류 전체를 보아, 역사로 보아 인간의 지혜, 지식이란 한없이 자랐습니다. 동시에 개인 한 사람이 만약 천년이라는 긴 문명에 죽지 않고 살았더라면 과거 역사의 모든 지혜, 지식을 가졌을 것이며 앞으로 죽지 않는다면 그 지혜, 지식이 한없이 자라날 것입니다.

이러한 일들은 무엇으로 자라나게 됩니까? 이에 대하여 생각하건 대 하나님의 형상대로 지으심을 받은 인생이라 하나님의 형상으로 자라난 것입니다.

하나님은 천지를 창조하셨습니다. 지으심을 받은 인생은 없는 것을 만들어 내며 자라납니다. 땅 위에 없는 것들이 얼마나 많이 생겼습니까? "하늘에 계신 너희 아버지의 온전하심과 같이 너희도 온전하라"[마 5:48]는 주님의 말씀은, 우리가 하나님께서 창조한 데까지 자라날 수 있는 인생이기 때문에 하신 것입니다.

하나님께서 천지를 다스리시니 사람도 지상 모든 것을 다스릴 뿐만 아니라 수중 물고기들을 다스리며, 아니 이제는 별세상, 달세계도 다스리려고 하지 않습니까? 과거에도 자라났거니와 앞으로도 한없이 자라날 것입니다. 이는 분명코 신의 형상으로 지으심을 받은 증거입니다.

이것을 보아 인생은 신적神的 생명, 영혼이 있음이 증명됩니다. 인생이 자라기는 자라는데 육의 길과 영의 길이 있습니다. 노아 시대에는 아름다운 여인을 탐하여 육신의 뜻대로 따르는 자가 많았습니다. 그래서 그 시대는 심판을 받았습니다. 또한 바벨탑을 쌓은 인생은 언어의 심판을 당하였고, 애굽의 인간 지혜에 의한 정치도 망하였으며, 금일의 인간 지혜는 전 인류를 멸망의 공포에 이르게 하였습니다.

노아 때의 노아, 애굽 시대의 모세, 아람 왕 때의 다니엘과 친구들은 다 단번에 된 것이 아닙니다. 신앙으로 기도로 말씀으로 점점 자라난 것입니다. 그 가운데 모세의 형편, 다니엘과 세 친구들의 형편을 생각해 봅시다. 육으로 자라남의 결과와 영으로 자라남의 결과는 로마서 8장 5-7절에 나타나 있습니다.

세상의 학문을 이용하여 신앙이 자라날지언정, 학문으로 말미암아 신앙의 세계를 떠나 세상에서 자라날까 두렵습니다. 하나님 편으로 자라나는 세계는 기도, 신앙, 순종입니다.

《수서본 설교집》 2권 2장

# 유혹과 실패

야고보서 1장 12-18절

인생은 유혹의 시험에서 실패하였습니다. 첫 사람이 실패하였고, 그 후손인 우리도 다 실패하였습니다. 옳은 일인 줄 알면 다 행합니까? 그릇된 일인 줄 알면서도 행하지는 않습니까? 인생은 다 실패자입니다.

실패했지만 실패한 인간에게 부절不絶히(끊임없이) 유혹이 있고 시험이 있음은, 실패로 그치지 않고 실패에서 회복시키려 하시는 하나님 뜻 때문입니다. 즉 악에서 승리하여야 된다는 것입니다. 왜냐하면 천국에 들어가는 자격은 승리자만이 얻을 수 있기 때문입니다. 지상에서는 시험의 유혹에서 실패하여도 살아갑니다.

승리의 비결은,

1. 자기가 시험의 유혹에서 실패한 사람인 줄 알아야 합니다. 여기서 자기란 산산이 깨어진 사람입니다. 깨어진 사발처럼 어찌할 수 없는 존재입니다. 이는 사실로 보여 줄 수 있는 그러한 것입니다. 아직도 자기는 실패하지 아니한 것처럼 생각하는데, 그것이 곧 실패입니다. 그리하여 남의 허물이나 티를 들고 불평하거나 자기가 선인인 것처럼 의인인 것처럼 생각하는 것은 그 사람이 돌이키지 않고는 영영 실패가 되고 맙니다. 비록 한때 승리하였다 할지라도 자기는 여전히 실패자임을 깨닫는 것이 인생입니다. 이것이 승리할 수 있는 시작이 됩니다.

2. 십자가를 믿는 믿음입니다. 나는 실패했지만, 나는 실패하지만 주님은 승리하십니다. 성공하십니다.

《수서본 설교집》 3권 3장

# 신자의 싸움



**1. 인생은 투쟁으로 살아갑니다.**

요즘은 더위와 싸웁니다. 해수욕, 선풍기, 냉장고, 기타 등등으로 싸웁니다. 홍수로, 한재旱災로, 지진으로 인한 싸움도 있습니다. 겨울에는 온돌, 난로, 스팀, 의복 등등 때문에 싸웁니다. 그러나 인생은 생활고로, 생존 경쟁으로 누가 좀더 잘사나 하는 투쟁을 합니다.

이러한 때 우리 신자의 싸움은, 어떻게 하면 좀더 잘 믿어 볼까 하는 것이 되어야 합니다. 하나님께 좀더 나아가며, 좀더 의지하며, 하나님이 나의 하나님이 되었으면 하기에, 우리는 이것에 지장이 되고 방해되는 것들과 싸웁니다. 밤의 달과 낮의 해가 나를 상傷치 못하는 세계, 풀무불도, 사자굴도, 광야 생활도 견뎌 가며 그 무엇도 부족함이 없는 세계가 나의 세계가 되었으면 하여 싸웁니다.

그보다 우리는 영적 세계, 장차 오는 세계를 위하여 싸워야 합니다. 다시 말하면 영적 세계는 육이 아니니 추운 것도, 더운 것도, 주림도, 목마름도, 풀무불도, 사자굴도 아닙니다. 하나님의 세계는 그런 세계가 아님을 이 세상에서 보여 주신 것입니다. 그것이 영적 세계의 산 증거입니다. 고로 영적 세계가 나의 소유가 되도록 싸우는 것이 신자의 세계인 것입니다.

## 2. 투쟁은 평화의 세계를 가져옵니다.

일본 민족은 세계적으로 단결심이 강합니다. 그 이유는 자연계에 대한 투쟁이 세계 어느 나라보다 승勝한 까닭입니다. 한 가정에서 형제끼리 불화하다가도 타인과 싸움을 할 때는 형제끼리 하나가 됩니다. 국가 내란을 방지하기 위해 타국과 전쟁을 일으키면 국내 문제가 해결됩니다.[1] 교회에서도 외부 핍박이 심할 때는 믿는 형제들을 내 몸같이 사랑합니다.

우리 신자의 투쟁이란 죄악을 상대한 투쟁입니다. 죄악과 싸우면 싸울수록 하나님과 화평을 가집니다. 죄악과의 싸움에는 신자끼리의 화평도 물론이려니와 나 홀로 하나님과 화평의 세계를 가질 수 있으

---

1. 이 문장만 놓고 보면 논란이 될 수 있는 구절이다. 그러므로 외부의 투쟁에 대항하다 보면 내부의 문제는 크게 보이지 않는다는 것을 강조하는 전체 문맥에서 살펴봐야 한다.

며 하늘의 상속이 큰 것을 성경은 말합니다[계 2:7, 11, 17, 26; 3:5, 12, 21
등].

　의롭게 살려고 하는 자, 범죄치 않고 살아 보려고 하는 자는 필연
적으로 싸우지 않을 수 없습니다. 분명코 인생이 죄악으로 동화되어
인생 자체가 죄악이 되었으니 실로 인간은 하나님과 투쟁하고 있습
니다. 다시 말하면 세상에서는 선하여서는 못 산다는 결론을 짓고 있
습니다. 선과 의는 곧 하나님의 것이요, 하나님 편이요, 곧 하나님 자
신입니다.

《수서본 설교집》 6권 1장

# 선과 악의 구별

마태복음 19장 16-30절

인생은 선과 악 두 사이에 끼여 있다는 말을 종종 합니다. 그런데 세상에 선한 분이 누구시며, 선이 무엇이며, 선을 아는 이가 누구입니까? 오직 성경만이 우리에게 이를 가르쳐 주시는데, 본문 17절 하반절에 "선한 이는 오직 한 분이시니라" 하였습니다. 어떤 청년이 묻는 말[1]에 대한 예수님의 이 대답은 예수님 당신이 선하지 않다든지 당신이 하나님이 아니라는 의미는 아닙니다.

"선한 이는 오직 한 분이시다"는 말씀의 내용은 무엇입니까? 이는 예수님을 세상의 보통 선생으로 알고 묻는 말에 대한 대답입니다. 그

---

1. "내가 무슨 선한 일을 하여야 영생을 얻으리이까?"(마 19:16)

러면 이 본문에 의하여 다음 몇 가지를 생각하려 합니다.

**1. 선악을 구별할 분은 오직 하나님 한 분 외에 없습니다.**

선하신 분만이 선을 알며 선악을 구별하십니다. 예를 들면, 베드로가 예수님의 십자가에 달려 죽으심에 대하여 '피하라'고 하였습니다. 사람으로서는 선한 생각이었습니다. 그러나 이는 하나님의 뜻을 거역하는 것이니 예수님은 이를 죄요, 동시에 악으로 지적하셨습니다.

또한 본문 18절 이하에 살인하지 않아도, 간음하지 않아도, 도적질하지 않아도, 거짓 증거하지 않아도, 부모를 공경해도, 이웃을 내 몸과 같이 사랑하여도 이것으로는 온전한 선이 아니라고 말합니다. 다시 말하면 천국에 들어가는 선은 못 된다는 말입니다. 또한 고린도전서 13장 3절에 "내가 내게 있는 모든 것으로 구제하고 또 내 몸을 불사르게 내어 줄지라도 사랑이 없으면 내게 아무 유익이 없느니라" 하였으니, 지상 인간 세계에는 선이란 없는 것으로 성경은 말합니다. 천국에 들어가는 선은 없는 것입니다. 고로 "의인은 없나니 하나도 없으며"[롬 3:10], "선을 행하는 자는 없나니 하나도 없도다"[롬 3:12]라고 하였습니다. 이러한 의미에서 오직 선하신 분은 한 분이신 하나님뿐이시고, 참으로 선을 아시는 분도 한 분이신 하나님뿐이시니, 고로 선과 악을 분별하실 분도 하나님 한 분뿐이십니다.

## 2. 하나님께서는 우리 인생으로 알 수 있는 선악을 가르쳐 주십니다.

본문 21-22절을 보면 청년이 재물이 많으므로 이 말씀을 듣고 근심하며 갑니다. 24절에 보면 "다시 너희에게 말하노니 약대가 바늘귀로 들어가는 것이 부자가 하나님의 나라에 들어가는 것보다 쉬우니라" 하셨습니다. 인생을 시험하여 자기를 위하여 사는지, 하나님을 위하여 사는지를 볼 때, 물질이 가장 문제가 되는 것입니다. 제가 재물이 있고 이러한 시험을 당한다면 저 역시 이 청년보다 더할는지 모릅니다. 재물 문제를 두고 생각해 보면, 하나님보다, 천국보다 재물을 더 사랑하며 귀히 여기며 나를 위하는 나 자신을 발견하게 될 것입니다.

내가 나를 위하여 사는 것이 죄요 악이라면, 과연 성경 말씀대로 인생에게서 선을 찾아볼 수 없는 것입니다. 그렇지 않다고 할 이가 없습니다. 그 이유는 모든 악과 죄는 나 자신을 위하여 사는 데서 생기는 것이기 때문입니다. 하나님보다 재물을 찾는 것뿐 아니라, 남녀 문제에서나 인생의 모든 문제에서 하나님보다 날 위하여 살아서는 결단코 하나님께 합당치 못한 것이니, 이는 인생이 하나님의 피조물인 까닭입니다.


### 3. 선악에 대한 하나님의 취급

신자의 악은 회개함으로써 선으로 변하기도 하는 반면, 불신자의 선은 악으로 변하기도 합니다[선으로 교만해지거나 선의 남용 등으로 자기에게 영광을 돌리는 법이다].

하나님이 선을 다루시는 것을 본다면, 인간의 아무런 선도 천국에 들어갈 수 없습니다. 그러므로 하나님은 하나님을 믿는 믿음을 그 어떤 인간의 선보다 참 선으로 취급하십니다. 본문 26절에 "예수께서 저희를 보시며 가라사대 사람으로는 할 수 없으되 하나님으로는 다 할 수가 있느니라" 하셨습니다. 그러므로 오직 하나님만이 우리를 온전하게 하시니, 즉 온전한 선으로 온전히 의롭게 하실 수 있음을 믿는 것이 인간의 선 이상이요, 인간의 의 이상인 것입니다.

십계명에 의하면 출애굽기 20장 5-6절에 선악에 대한 유전의 법칙이 정해져 있습니다. 이 유전은 면할 수 없는 자연법칙입니다. 인류는 일개 유기체인 고로 사람은 상호간 죄든지 선이든지를 분담하지 않을 수 없습니다. 아비의 죄로 그 자손 3, 4대까지 벌함은 심하게 무자비한 것같이 들립니다. 하지만 벌하지 않을 수 없습니다. 부모가 지은 죄가 그 사랑하는 자손에게까지 미치는 것을 보면, 죄에 대한 공포가 한층 더 깊이 느껴질 것입니다. 아비로 말미암아 자식을 벌함이 심히 무자비해 보이지만, 인류에게서 죄를 제거하는 방법으로는 아비의 죄가 자손에게 미치는 것이 오히려 유효합니다.

그런데 아비의 죄를 3, 4대까지 미치게 하지만 선은 천대까지 이르게 하십니다. 3, 4대와 천대. 실로 하나님의 노하심이 두렵기도 하지만 그 은혜는 무궁합니다. 진실로 중생 된 자, 사죄의 은총을 받은 자의 선이란 위대합니다. 물론 선이란 행하는 게 그리 쉽지 않습니다. 그러나 악은 아무나 용이容易하게 행할 수 있습니다. 부모가 애타게 모은 재산 또한 허비하기 매우 쉽습니다. 그러나 재산 모으기가 어려운 것처럼 선을 행하기도 그러합니다. 단 한 가지 선도 행함이 없이 별세別世함보다 선을 행하며 살기가 어려운 것입니다.

《수서본 설교집》 6권 1장

# 시험에 대한 결단

마태복음 4장 1-11절, 고린도전서 10장 13절

세상은 죄악과 시험으로 가득 차 있습니다. 고로 하나님의 나라가 임하시고 "뜻이 하늘에서 이룬 것같이 땅에서도 이루어"져야 합니다. 인생이 알지 못하는 중에 하나님의 뜻은 성취되어 갑니다. 인생의 현실은 시험입니다. 우리 앞에 놓인 이 시험은 하나님 없는 인간의 결단입니까, 하나님 모신 신앙의 결단입니까? 마귀는 아무것도 못하며, 모르는 인생은 모르기에 미지수입니다.

많은 인생이 모험으로 나아갑니다. 어찌될 줄 모르면서 인력으로 달려갑니다. 인생은 자기가 죄인인 줄 알지 못하고 자율적으로 자기가 선장이 되어 갑니다. 무모한 걸음은 망하는 것임을 망각합니다. 게다가 자랑으로 인생이 깊이 뿌리박고 있는 하나님을 거역하고 망각하고 싫어하며 인력, 모략, 무력, 정치 등으로 깊이깊이 빠져 갑니다.

하나님이 없다면 무모한 걸음일 뿐입니다. 일생은 한 번밖에 없으므로 인생을 깊이 생각하십시오. 하나님 없이 모험으로 가 보십시오. 하나님 없이 살아 보고 안 되면 어찌할 것입니까? 이는 큰 멸망입니다. 주님은 우리에게 "시험에 들지 말게 하옵소서"라고 기도하라고 가르치셨습니다. 범사에 주 없이 하지 말고, 모든 사건에 주 없이 결단하지 말라는 것입니다. 주님은 시험에 들지 않도록 기도하라고 간곡히 말씀하십니다. 아담은 모험 속에 들어갔다가 망하였습니다. 우리 주님은 하나님 말씀[하나님과 관계] 안에서 결단을 내리셨습니다. 하나님 없는 결단은 미지수로 망합니다.

어떤 일이든지 완전함은 하나님의 뜻 안에서 하나님을 먼저 생각함입니다. 신앙으로 결단을 하면 사소한 사건들도 시험하게 됩니다. 하나님 없이 계획하고 생각하는 것은 완전한 길이자 성공의 결단처럼 보이지만, 믿음을 주장하사 온전케 하시는 주 예수를 바라보십시오. 예수 없이 나 홀로 걷기보다 예수님 뒤로 따라갑시다. "시험에 들지 말게 해 주옵소서."

《수서본 설교집》 4권 5장

# 기도의 힘

마태복음 7장 7-12절

세상에서 힘은 참 무섭고 큽니다. 정치의 힘이란 것도 큽니다. 경제가 잘 돌아가지 않을 때 정치의 힘으로 경제가 돌아가게 하기도 하니, 민생 문제에서 큰 힘이 있음을 생각할 수 있습니다. 국법이란 것도 전 국민이 꿈적을 못 하고 치안이 잘될 수도 있으니 큰 힘입니다. 과학의 힘도 요즘 세상에 더 말할 필요조차 없습니다. 무력이란 것도, 다시 말하면 전쟁을 이긴다는 그 힘도 무섭습니다. 좌우간 인간 세상에서 움직이는 힘이란 것은 장하다 할 수 있습니다.

그러나 기도의 힘이란 우주를 창조하신 하나님의 능력을 힘입는 것입니다. 자기의 힘 외에 자기 시도 이상의 것을 요구하는 것이 인생입니다. 인생에서 힘 이상의 것이 무엇이 있겠습니까? 그리고 전 인류가 자기 힘 이상의 것이 각각 다를 터인데, 그 요구에 응해 줄 이가 누가 있겠습니까? 이것만 생각해 보더라도 전 인류의 요구에 응해 줄 수 있는 분이 있어야 되지 않겠습니까? 그렇다면 하나님 외에 또 누가 있겠습니까?

이론은 그러한데, 실제로도 전 인류의 각각 다른 인생의 요구에 대하여 응해 주느냐가 문제입니다. 그것은 성경으로 돌아가 찾아보아야 합니다. 이는 신자의 경험, 즉 기독교의 역사가 증명합니다. 즉 기도의 응답입니다.

인생의 문제는 좀체 해결되지 않는데, 성경은 그 해결 방법을 말하였습니다[시 28:1-9]. 그러면 인생에서 그 누가 여호와의 법도에 순종하겠습니까? 기도하는 자, 여호와의 도우심을 힘입는 자만이 할 수 있습니다. 주님도 겟세마네 동산에서 기도하셨습니다.

《수서본 설교집》 2권 2장

# 주께서 주시는 평안

마태복음 11장 28-30절, 요한복음 14장 27절

인생에게 오는 괴로움은 인력人力으로는 면치 못하는 운명입니다. 천재지변이나 역경, 손실, 질병, 죽음 등 외적인 사실들과 내적인 심적 고민 등은 인생이 출생할 때 타고난 운명인 것입니다. 고로 "인생은 고난을 위하여 났나니 불티가 위로 날음 같으니라"[욥 5:7]고 했습니다.

예수님께서는 이러한 인생의 괴로움과 고통을 없이 하고 평안함을 주실 것을 약속하셨습니다. 어떻게 주십니까?

## 1. 사죄赦罪로써 평안을 주십니다.

인생은 물질로써 권세로써 평안을 가지려 합니다. 종교인들은 이적으로써 평안을 얻으려 합니다. 하지만 이적과 기사는 신을 찾게 하는 하나의 방편이지 평안을 주지는 못합니다. 천재지변, 질병, 죽음 등을 생각할 때 이상의 것들로 면해질까요? 요한복음 14장 27절을 보면 예수님의 평안은 세상이 주는 평안과 다르니, 이는 사죄를 받은 자에게 주시는 평안입니다. 천재지변에도, 어떠한 역경에도, 질병에도 심지어 죽음에도 평안을 가지니, 이는 예수님께서 주시는 평안입니다.

## 2. 사죄해 주시는 주님을 믿는 자에게 예수님께서 주십니다.

사울 왕의 불안을 생각하면 자기 마음을 자기도 어찌할 수 없음을 알 수 있습니다. 전지전능하신 하나님을 의지하는 자에게는 여호와께서 평안을 주십니다. 환난·역경·질고疾苦 중에도 여호와께서 나에게 유익하게 하심을 믿는 자는 평안합니다. 악한 자의 대적도 주께 맡겨야 합니다. 악한 자를 내가 대적하려면 불안합니다. 요셉은 애굽의 옥중에서 해몽한 즉시 출옥하지 못한 것이 애굽의 총리대신이 되는 데 유익하였고, 모세로 말하면 미디안 광야 40년이 유익하였습니다. 나에게 유익하게 하시는 전지전능하신 하나님을 믿는 자의 평안이 나의 것 되기를 바랍니다.

### 3. 영원한 희망에서 평안을 얻습니다.

인생은 현재에서보다 장래의 희망에서 즐거움을 가집니다. 즉 평안입니다. 외국에 간 남편을 기다리는 부인은 남편을 의심할 수 있으나, 주님께서 주시는 영원한 희망은 그야말로 틀림없습니다.

《수서본 설교집》 2권 3장

# 족한 은혜



부모의 은혜를 생각하면 은혜에 대해 쉽게 알 수 있습니다. 좋은 것을 거저 주시며 장래를 위하여 염려해 주시고 그 이상의 것을 위해 수고하십니다. 육신의 부모는 별세하시고 내가 또 부모가 됩니다. 그러나 하나님과 우리의 관계는 영원한 부자父子 관계입니다. 하나님께서 인간에게 주신 은혜는 크게 두 가지로 나눌 수 있습니다.

## 1. 자연은총입니다.

태양도 주시고 만물도 주시고 사시四時(사계절)도 주시고, 적은 것을 심어 많은 것으로 거두게 함도 이것입니다. 자연 은혜입니다. 이것은 하나님께서 주신 까닭에 영원합니다. 태양도 만물도 사시도 곡

식도, 그대로 변치 않으시고 계속해 주십니다. 하나님께서 영원하신 까닭에 이 자연 은혜도 영원합니다. 이 자연은총은 인생에게 필요하기 때문에 인생이 땅 위에 살아 있을 동안 영원히 주십니다.

## 2. 특별은총입니다.

자연은총에 비하여 재한在限(한계가 있는)인 인간에게, 국한된 인생에게 하나님의 은혜는 영원하시니, 영원불변의 은혜를 받는 인간에게 인생 자체가 영원히 받을 수 있는 은총을 주신 것입니다. 이것이 곧 사죄의 은총이니, 영생하면서 영원히 아버지 은혜의 세계에서 영복永福을 누릴 은혜입니다.

결론적으로 은혜를 생각할 때, 취직 자리를 구하여 준 것도 은혜입니다. 죽을 지경에서 살려 준 것도 은혜입니다. 돈 없이 주릴 때 물질로 도와준 것도 은혜입니다. 그런데 우리는 이런 것, 저런 것을 은혜라 할지라도 부모의 은혜가 더 완전한 것이라 생각들 합니다.

그러면 부모의 은혜가 완전무결합니까? 변할 수도 있고[인도의 선다싱[1]을 죽이려고 독약을 먹인 아버지], 자녀에게 모든 것을 해 줄 수 있는 능력이 부족하니 부모도 완전하지 않습니다. 그러면 인간 세상에 완전

---

1. 선다싱Sundar Singh, 1889–1929. 철저한 시크교도 아버지 밑에서 태어났으나, 청년기에 예수를 영접한 뒤 티베트를 중심으로 전도 활동을 했다. 온갖 박해와 고난에도 불구하고 한결같은 열정으로 전도의 사명을 감당하여 인도의 성자, 20세기의 사도 바울이라 불린다.

한 은혜는 없는 것입니까?

말하지 않을지라도 하나님이 아버지가 되어 주신 세계만이 완전한 은혜의 세계가 아니겠습니까? 그런고로 누가복음 15장에 나온 탕자의 비유처럼 아버지가 있는 자에게는 불행이 없습니다. 불행한 자리에서도 아버지가 있으니 아버지께로 돌아가면 은혜입니다. 아버지가 없는 자는 돌아갈 곳도 없습니다. 탕자는 아버지가 있으니 돌아갈 수 있었습니다. 하나님께서 우리 아버지가 되어야 합니다. 우리에게 족한 은혜 중에, 하나님께서 내 아버지 되어 주신 세계처럼 더 족한 은혜가 어디에 있겠습니까?

《수서본 설교집》 2권 1장

# 4. 파수꾼과
    교회의 역할

# 신앙운동에는 고독을 각오하라



인생은 약자이므로 고독을 싫어합니다. 동물계에서 약자마다 단체의 힘을 요하니, 인생도 한 사람보다는 열 사람, 천 사람, 만 사람 등 더 많은 무리가 한데 뭉쳐야 승리도 하고 성공도 하고 생을 보존할 수 있습니다. 그러므로 국가를 중심으로 한 과거 일본의 단체 교육은 절대 필요한 것이며, 현재 우리나라 국회의원이 됨에도 많은 무리의 동정을 요하니, 사람들은 흔히 고독은 실패요, 죽음으로 생각합니다.

하지만 세상에서 국회의원은 될 수 있으나 진정한 성공은 될 수 없고, 국가를 중심으로 한 국체國體도 일본을 살리지 못했음을 이미 과거가 증명하고 있습니다. 옛날 애굽이나 현대 독일 역시 그러하였습니다. 진리를 아는 자 누가 모르리오. 인생의 운명이란 여호와 하나님께만 있으니 바벨탑이 우리에게 이를 교훈합니다.

신앙운동에 불타는 학생 제군! 그대의 선 그 자리가 고독합니까? 선생에게도 학우에게도 비소誹笑(웃음)와 조롱과 배척과 핍박을 받아 발붙일 곳도 없습니까? 동시에 동지들의 열심은 식어지고, 지도자들의 좋은 방책도 없으니 할 수 없다고 낙심하며 애굽으로 돌아가려 합니까?

학생 제군은 모세, 엘리야 등 신앙의 투사들을 알 것입니다. 모세를 보십시오. 이스라엘의 대중이 다 그를 원망하여 죽이려 하였고 심지어 그의 친형제자매인 아론과 미리암도 시비是非(옳고 그름을 따지는 말다툼)하여 그를 비방하였으니[민 12장] 그의 고독은 어떠하였으며, 또한 엘리야가 주의 종들은 다 죽었고 나 홀로 남았으니 내 생명을 거두어 가 달라고 애원하며 부르짖던 그 고독을 보십시오.

신앙운동이란 무엇을 의미합니까? 여호와 하나님을 인간계에 보여 주는 운동입니다. 그렇지 않으면 나 홀로 신앙생활하면 족할 것이요, 신앙운동은 필요 없을 것입니다.

한국 교계의 우리 백성에게 여호와 하나님께서 살아 계심을 누가 보여 주겠습니까? 학생 제군의 사명을 아십니까? 인물도 금전도 다 구비하여 누구나 다 할 수 있는 것으로 여호와 하나님을 오늘날 인간계에 보여 주려 합니까? 바라건대 제군은 바알의 선지자 850명을 상대로 하여 제단에 불 붙이던 고독의 엘리야가 되십시오.

〈파수군〉 제45호(1955. 2.)

"너는 나 외에는 다른 신들을 네게 있게 말지니라"[출 20:1-6].

하나님께서 제일 싫어하시는 일이 하나님 외에 다른 신을 섬기는 일입니다. 하나님은 다른 일보다 우상을 섬기는 세계 중에 그 우상을 섬기지 않으려고 힘쓰는 사람들을 통하여 큰 이적으로 역사하십니다. 그 일은 성경에도 많이 나오고, 교회사에서도 많이 발견할 수 있습니다.

하나님은 다른 신을 섬기지 않으려 할 때 크게 간섭하셨습니다. 사드락과 메삭과 아벳느고는 우상을 섬기지 않으려 하다가 잡혀 뜨거운 풀무불에 던져졌습니다. 그러나 하나님의 특별하신 보호 중에 살아났습니다. 엘리야는 갈멜산 제단에서 기도할 때 하늘에서 불이 떨어져 제물이 불살라졌습니다. 비 오기를 위하여 기도했을 때, 3년 6개월 동안이나 메말랐던 땅에 비가 내렸습니다. 이 모든 일은 다른 신을 섬기지 아니하고 참신 하나님만을 증거할 때 하나님께서 특별한 기사를 행하심을 보여 줍니다.

한편 사무엘상 5장 1절에 보면, 블레셋 사람들은 이스라엘 사람들이 중요하게 생각하는 하나님의 궤를 빼앗아 갔습니다. 그들은 법궤를 빼앗아 그들의 신인 다곤의 신전에 가지고 들어가 다곤 곁에 두었습니다. 다음 날 아침, 그들은 신전에 들어가 보고 놀랐습니다. 다곤이 하나님의 법궤 앞에 엎드러져 얼굴이 땅에 닿고 있었기 때문입니다. 이것은 하나님 앞에 다른 신이 용납될 수 없음을 보여 줍니다.

우리나라는 30여 년 전 일본 사람들의 통치 아래 있었습니다. 일본 사람들은 한국 사람들에게 못할 일을 많이 강요하였습니다. 특히 하나님 외에 다른 신을 섬기게 하였습니다. 그러나 기독 신자들은 그럴 수 없음을 강하게 표시하였습니다. 이 일로 인하여 기독 신자들은 박해를 받았고, 죽기도 하며, 감옥에 끌려가 매 맞고 신음하며 고생을 많이 겪었습니다. 하지만 그때 하나님은 우리 사람들이 이해할 수 없을 정도로 특별한 간섭을 해 주셨습니다. 오늘 한국 교회가 이렇게 급속도로 발전하여 부흥된 것은 순전히 한국 기독 신자가 여호와 하나님 외에 다른 신을 용납하지 않았던 데 있다고 믿습니다.

## 1. 일본 제국주의와 기독교 탄압

일본은 우리나라를 식민지로 삼아 갖은 악한 정치를 감행하였습니다. 한국에 총독을 두어 다스리게 하였습니다. 미나미 총독[1]은 포악한 정책으로 한국 민족을 괴롭혔습니다. 미나미는 두 가지 특별한 정책을 감행하였는데, 그 첫째가 황민화皇民化 정책이었고, 다른 하나가 전쟁 물자를 강탈하고 수탈하는 정책이었습니다. 소위 황민화 정책이란 한국 민족의 민족의식을 말살하고 일본 민족으로 동화시키려는 무서운 정책이었습니다. 그리하여 먼저 창씨개명을 단행하였습니다. 성과 이름을 완전히 바꾸게 하였습니다. 그리고 일본말을 사용하도록 하였습니다.

특히 신사참배를 강요하는 일은 기독 신자들에게 견딜 수 없는 일이었습니다. 일본 천황을 신성불가침의 존재로 조작하여 모든 국민에게 절대적 충성을 강요하였습니다. 미나미 총독은 한국 사람에게 일본 신을 섬기게 하였습니다. 일본 신이란 아마테라스 오미카미[天照大神]인데, 이 신은 일본 개국의 첫 임금으로, 하나님이 사람으로 태어난 것이라고 하였습니다. 그리하여 그 후손 왕들은 모두 신이 사람으로 태어난 것이라는 조작된 말을 하였습니다. 아마테라스 오미카미를 왕조의 대표 신으로 삼고 역대 수많은 왕들을 신으로 모신 곳을

---

1. 미나미 지로南次郎, 1874-1955. 일본 군인, 정치가. 1936년부터 1942년까지 조선 총독을 역임했다.

가리켜 '신사神社'라 합니다. 이 신사에 한국 국민들을 절하게 하여 일본 신을 섬기게 함으로써 한국 백성의 정신과 사상을 없애 버리려는 무서운 정책을 단행하였습니다. 기독 신자들은 이것을 거절했습니다.

기독 신자들은 신사참배운동을 반대하면서 처음에는 불가능한 일이라고 생각하였습니다. 제일 처음 신사참배 반대운동이 시작된 곳은 평양에 있는 여학교입니다. 신사참배 반대운동이 여학생 간에 일어나자 학교에서는 문제가 생겼습니다. 신사참배를 반대하는 학생들을 학교에서 퇴학시키도록 지시했습니다. 그러자 학부형들이 자기 딸들을 그대로 신사참배에 참여하게 하고 퇴학을 시키지 않은 것입니다. 이 일로 총독은 자기 정책에 자신을 갖게 되었습니다. 그리하여 한국 교회 전체에 신사참배를 강요했고, 교회는 위기에 처했습니다. 하나님의 노怒를 사는 무서운 결과를 초래한 것입니다.

저는 이 문제에 대하여 깊이 생각하며 하나님께 기도하였습니다. 그리고 저만 신사참배를 하지 않을 뿐만 아니라 신사참배를 반대하는 운동을 일으켰습니다. 그러다가 1940년 7월 10일 일본 경찰에 잡혀 투옥되었습니다. 감옥에서 견딜 수 없는 고문을 수없이 당하였습니다. 때는 전쟁 시라 일본과 미국은 치열한 전쟁을 계속했습니다. 그들은 나를 고문할 때 첫째 "미국놈의 간첩이지?" 하고 심한 고문을 가했습니다. 또한 "한국 독립운동을 했지? 독립운동 선동자지?" 하

고 달려들기도 하였습니다. 그러다 안 되니 온갖 죄목을 만들어 치안
법治安法에 걸리도록 위협하며 고문을 하였습니다. 밤 한 시나 두 시
경, 모든 세상이 잠들었을 때 불러내어 고문을 했습니다. 고문이 너
무나 심하고 견디기 어려워 "주님! 나의 생명을 빨리 거두어 주옵소
서" 하고 기도했습니다. 이러한 기도를 수없이 하였습니다. 굶주림과
추위도 견딜 수 없었습니다.

몸은 퉁퉁 부었다가 또 빠졌다가 하기가 수없이 되풀이되었지만
죽지는 않았습니다. 독방 생활을 3년 이상 했는데, 그 생활은 주님과
속삭일 수 있는 유일의 시간이었습니다. 주님은 언제나 나와 함께하
셨습니다. 나의 신앙은 이 독방 생활에서 더욱 커졌고, 확신한 일에
거하게 되었습니다. 1945년 8월 15일 우리나라가 광복되면서 저는 8
월 17일 출옥했습니다. 감옥에서 꼭 죽을 줄만 알았는데 하나님의 특
별한 간섭으로 살아나왔습니다.

## 2. 고려신학교 설립

출옥 후 이북에서 교회를 섬기다가 남한에 와 보니 신학교가 곳곳
에 있기는 하였지만 모두가 일본 시대 일본식 기독교를 만들려 했던
사람들이 주동이 되어 학교를 운영했습니다. 그리고 가장 큰 문제는
성경이 살아 계신 하나님의 말씀임을 부인하는 사람들이 신학교의
주인이 되어 교수직을 담당하고는 것이었습니다. 이 얼마나 원통하

고 억울한 일이겠습니까? 아무리 생각하고 기도하여도 한국 교회를 그들의 손에 맡길 수 없다는 결론뿐이었습니다. 나의 이 뜻에 찬동하는 사람들을 얻어 부득이 신학교를 시작하게 된 것입니다. 이 신학교가 '고려신학교'입니다.

학자도 아니요, 재산가도 아니며, 무슨 권력도 없는 나로서는 빈손으로 신학교를 시작하였으니, 실제 운영에서의 고충은 말로 다 표현할 수 없었습니다. 학교 운영은 너무나 힘에 겨운 일이었습니다. 처음에는 호주 선교회가 경영하던 학교의 교사校舍(학교 건물)를 책임자에게 이야기하고 빌려 신학교를 시작하였습니다. 당시 이 학교 건물이 비어 있었기 때문입니다. 일본과 미국이 전쟁하는 동안 일본 사람들의 탄압에 견디지 못하여 호주 선교사들은 학생들을 해산하고 본국으로 돌아갔기 때문에 학교 건물은 그대로 남아 있었습니다. 그리하여 교사를 빌려 학교를 하고 있는데 광복이 되자 호주 선교사가 다시 나와 자기들 집이니 비워 달라 하므로 불가불 내어 주어야 했습니다.

갈 곳이 없는 신학교는 당시 제가 시무하던 교회인 부산 초량교회 유치원사를 빌려 사용하기도 했습니다. 이후 신학교는 은행원들의 합숙소를 빌려 수업을 하기도 하였습니다. 다시 부산 남교회당을 빌려 쓰기도 하고, 감천에 있던 영국군 막사를 빌려 학교로 쓰기도 하였습니다. 그러다 현재 위치하고 있는 장소로 옮겨 왔습니다. 이와 같이 떠

돌아다니는 신학교이고 보니 사람들은 한때 고려신학교를 가리켜 '보따리 신학교'라는 말까지 했습니다. 그러나 이 신학교만이 참하나님 중심·성경 중심·교회 중심의 아름다운 보수주의 개혁파 신학교였습니다. 우리 신학교 교수들은 생활비도 제대로 받지 못하고 교수직을 감당해 나갔습니다. 보통 2개월, 3개월 월급을 못 주어 교수들은 주리고 고생했습니다. 그래도 그들은 하나님 앞에서 성실하였으며, 열熱과 힘과 충성을 다하여 교수에 전념하였습니다.

### 3. 오늘의 한국 교계와 고려신학교의 위치

대한민국은 급진적으로 발전하였습니다. 이제는 세계 어느 나라와 비교하여도 별로 부끄럽지 않을 정도의 문명국이 되어 가고 있습니다. 그러나 한국의 교계는 여러 가지 문제점들을 안고 진통을 겪고 있습니다. 그것은 신학계가 타락한 상태에서 파생한 여러 문제들이라고 생각됩니다.

한국의 신신학新神學은 날로 발전하고 있습니다. 하나님의 말씀인 성경의 권위를 무시하는 이성주의자들은 성경을 하나의 '학學'으로만 취급하고 있습니다. 또 여기에 비례하여 불건전한 신비주의와 사이비 종파들이 득세하고 있습니다. 이것은 한국 종교계의 비극입니다.

여기에 도전받는 신학교가 고려신학교입니다. 고려신학교는 한국의 교계 문제뿐만 아니라 아시아와 세계를 향한 보수주의 개혁파 교회로서 이제는 그 위치가 너무나 중대한 자리에 있다는 것을 새삼 실감합니다.

한국의 보수주의는 고독합니다. 혼탁한 교계의 물결 속에 성경 본연의 바른 신앙 사상을 고수해 간다는 것은 외로운 일입니다. 하지만 살아 계신 하나님을 바라보며 같은 신앙의 노선을 걷는 네덜란드 개혁파 교회의 물질적 도움으로 힘 있게 나아가고 있습니다. 이제는 우리 신학교도 정부에서 인정하는 대학 인가도 얻었고, 그에 따라 내부적으로나 외부적으로 명실공히 한국 굴지의 좋은 신학교로 면모를 갖추기 위하여 온갖 힘을 아끼지 않고 있습니다.

지금에 와서 문제 되는 것은 학교 교사校舍 문제입니다. 좋은 교사를 지어야 하고 기숙사도 꾸며야 하겠는데 참으로 힘에 겹습니다. 총예산 약 20만 달러면 완공될 형편입니다. 부끄럽고 면구스러운 일이오나 주님을 사랑하는 마음으로 역경에 있는 저희 신학교를 위해 선진국 부모·형제·자매님들이 도와주신다면 진심으로 감사하겠습니다.

〈고신학보〉 창간호(1972. 3.)[2]

---

2. 〈고신학보〉 창간호에 실린 권두 설교. 당시 학장으로서 네덜란드 캄펜신학교 초청으로 네덜란드 방문을 준비하던 중 그곳에서 할 설교 초안을 미리 잡아 본 것이다.

# 소위 고려파가 생기기까지

어두웠던 시절은 지났습니다. 인간을 신격화하여 크리스천을 속박하고 유린하던 일본 제국주의의 망령도 이 땅에서 퇴진하여 자취를 감추었습니다.

이렇게 쉬울 줄이야 정말 몰랐습니다. 그렇게 발악적이던 저들이 그처럼 맥없이 돌아서리라고는 상상도 못 했습니다. 군국적 제국주의의 발악적인 온갖 추태를 합리화하고, 오직 자기들의 이익을 위해서는 세계 평화니 인류애니 하는 말들이 무색하리만치 식민 정책에 광분했습니다. 또한 전쟁을 일삼으면서도 이를 미화하기 위한 수단으로 저들은 허무맹랑한 국가 이념을 인위적으로 신앙화하여 강제 신봉케 함으로써 신앙의 자유를 박탈하고 기독교마저 일본화하려 했습니다. 식민지 정책의 가장 첩경捷徑(쉬운 길)이 식민지를 일본화하는 것이라 하여, 사상 즉 문화와 종교의 일본주의가 이룩되도록 이들은 이 방면에 총력을 경주하였습니다.

저들은 '아마테라스 오미카미天照大神'를 조작하였습니다. 그리고 일본 임금이 그의 후손이라 하였으니, 역시 그들의 임금을 신격화하여 신앙하게 하였던 것입니다. 비록 식민지의 고달픈 신세이지만 땅 위의 임금을 섬기는 것도 성경적이라면 일본 임금을 섬긴다고 하여 무슨 죄가 될 것이랴마는, 일개 무명의 무사가 힘으로 일본을 통치하여 번영으로 이끎으로써 세계 무대에 군림하게 된 것이 천하의 공지共知(여러 사람이 서로 다 앎) 사실인데 그를 신으로 섬기라니, 그 어리석음이 가소롭고 하나님 앞에 송구스러움을 말로 표현할 수 없었습니다.

가정마다 아마테라스 오미카미의 신단神壇을 만들고, 학교나 공원마다 신사神社를 지어 아침저녁으로 예배하게 하고, 마침내 아마테라스 오미카미에 완전히 귀의歸依한다는 예식으로 '미소기하라이'라는 침례를 하게 하며, 심지어 교회에서 하나님께 드리는 예배 전후에도 '동방요배東方遙拜'[1]로써 천조대신天祖大神인 일본 황궁을 향해 경배하라고 강요하니, 하나님 앞에 바로 살기를 원하는 성도들로서는 차마 못할 짓이었습니다.

---

1. 일본 천황이 있는 동쪽을 향해 매일 경배하도록 한 의식.

그리하여 목사 중에서, 장로 중에서, 전도사 중에서, 평신도, 학생 중에서 신사참배를 거부하는 무리들이 일어났습니다. 그들은 말할 것도 없이 일본 황국 시민의 반역죄로 투옥되어 모진 고초를 당했습니다. 매에 못 이겨 더러는 항복도 하였겠지만 하루하루 순교의 제물들이 생겨났습니다. 오늘은 어떤 목사님, 그리고 하룻밤 자고 나면 어떤 장로님, 집사님이, 무명의 평신도, 학생 등이 무수히 쓰러져 갔습니다. 심지어 예배드리는 예배당에 불을 질러 무참히 학살하기도 했습니다.

"하나님이여, 이 괴로움을 풀어 주소서" 하는 기도가 이 땅 가득 메아리쳐 갈 때도 그 기도를 그렇게 쉽게 이루어 주시리라고는 예측하지 못했습니다. 그러나 전지전능하신 하나님 앞에서는 무적의 일본군대라도 너무나 무능함을 하나님은 보여 주셨습니다. 마침내 일본은 항복하고 이 땅에는 광복의 기쁨이 물결쳐 넘실거렸습니다.

시온의 영광이 빛나는 아침, 어둡던 이 땅이 밝아 오네

슬픔과 애통이 기쁨이 되며 매였던 종들은 돌아오고

광야에는 화초가 피며 말랐던 시냇물은 흘러흘러

이 산과 저 산이 마주쳐 울려 주 예수 은총을 찬양함이 메아리치니

땅들아 바다야 많은 산들아

싸움과 죄악으로 참혹해진 이 땅 위에서라도

　　이제는 주의 성호를 우리의 목이 터져터져

　　너희를 터뜨리도록 찬양하리라

얼마나 감격에 넘친 찬송을 불렀던가요?

　1945년 8·15 해방이 되어 출옥한 저는 옥중에서 순교하신 주기철 목사님이 시무하던 평양 산정현교회에서 약 2개월에 걸쳐 계속 집회를 인도하였습니다. 저보다 1년 전에 월남한 고故 주남선 목사님은 일정日政의 속박에 견디지 못하고 신앙의 지조를 유린당할 대로 당한 교회 지도자들과 이들을 추종한 자들을 향해 회개할 것을 권고했습니다. 신사참배한 것이 하나님 앞에서 죄인 것을 고백하고 1개월간 자숙하며 한 곳에 모여 고요히 기도하면서, 교역자들이 시무하던 교회에서 사면辭免(그만두고 물러남)하고 기도하는 동안, 교회들은 공동의회로 모여 투표로써 교역자들의 시무 여부를 결정하자고 제창하여 교역자 회의에서 의결하였던 것입니다.

　그러나 그들은 그들의 결의를 백지화하였으니 모임도, 기도도, 그리고 교회의 사면도, 그 어느 것 하나 실행하지 않았습니다. 그들의 태도는 아주 뻔뻔하여 오히려 출옥 성도들의 모든 제의를 일축一蹴하면서 정면으로 반기를 들었습니다. 그것은 그들의 과오를 합리화하려는 이중 범죄에 해당하는 것입니다. 그때만 해도 성경에 밝지 못한 많은 성도들은 마침내 '신사참배'가 죄인가 아닌가 하는 딜레마에 빠져 혼란을 거듭했습니다. 이러한 사정을 잘 알지 못한 저는 해방 후 1년 여 동안 평양 산정현교회에 시무하였습니다. 개인 사정에 의해 일시적으로 월남하여 부산에 오게 되었는데, 이때 비로소 교계의 위급한 사정을 들었습니다.

마침 진주에서 경남노회가 모인다고 하였습니다. 저는 참석하면서 마음으로 뜻을 정했습니다.

'이번 노회에서 신사참배가 하나님 앞에서 죄라는 것을 공식적으로 공포하여 '신사참배'에 관한 문제를 일단락 짓자.'

경남노회는 개회되었고 모든 것은 순조로웠습니다. 임원 투표 순서가 있었습니다. 신사참배운동의 거두요, 일정 때 "구약성경은 유대인의 역사에 지나지 않다"며 새 시대의 일본적 기독교의 필요성을 역설하던 인물이 노회장에 피선被選되는 어처구니없는 일이 벌어졌습니다. 실로 통분함을 금치 못했습니다. 저는 분연히 일어섰습니다.

"회장, 신사참배가 죄입니까? 죄가 아닙니까?" 하고 질문하였습니다. 노회장 이하 모든 회원은 신사참배에 가담하였습니다. 신사참배 반대로 투옥되었던 사람이라야 불과 두세 명뿐이었습니다. 마음에서부터가 아닌 강제에 못 이겨 어쩔 수 없이 저지른 것이 아니요, 기회주의자들이며, 정치적 모사謀士인 저들이 일본에 아부하기 위한 수단으로 신사참배운동을 기독교 내에 폈던 것이었기에 이를 죄라고 표명할 리는 전무하였습니다.

저는 단연코 이러한 노회에서 탈퇴할 것을 선언하였습니다. 그리고 눈물을 머금고 퇴장했습니다. 노회원들의 몇 배가 되는 방청석 성도들은 내 뒤를 따라 모두 퇴장하였지만 저들 노회원들은 저의 탈퇴가 오히려 앓던 이가 빠진 것만큼이나 시원하다 여겼을지도 모를 일입니다.

저는 퇴장하여 곧 노회 탈퇴 성명서를 내었습니다. 저는 한 번만 낸 것이 아니고 세 번이나 내었는데, 성명서를 세 번이나 내자 경남노회 소속 각 교회가 거의 이에 동조하면서 가담했습니다. 노회 임원들은 아연실색하였습니다. 곧 임시노회를 소집하여 구포교회에서 임시노회로 모였습니다. 그리하여 '신사참배'가 죄임을 비로소 표명하였고, 저는 "만시지탄晚時之歎(시기에 늦어 기회를 놓쳤음을 안타까워하는 탄식)은 있으나 이를 환영한다"고 말하였습니다. 그들은 전에 낸 저의 탈퇴 성명을 취소하는 성명서를 내도록 요구했습니다. 그러나 이때는 이의 가부 문제가 이미 제 개인 문제가 아니요, 저와 동조하여 제 탈퇴 성명에 가담한 전 교회의 문제임을 설명하고 이 교회 지도자들이 모여 결정하겠노라고 답변하였습니다.

그리하여 탈퇴 성명서에 가담한 분들이 모였습니다. 그리고 경남노회 요구에 대하여 의논하였습니다.

"'신사참배'가 죄라고 표명한 것은 참다운 회개에서 나온 것이 아니요, 경남노회 소속 대부분의 교회들이 탈퇴 성명에 가담하므로 저들의 입장이 난처하게 된 것을 모면하기 위한 수단"이라는 것에 모두의 의견이 일치되었습니다. 그리하여 새 노회 조직론이 대두되었던 것입니다. 나는 이에는 불응하고 계속 경남노회에 참석하였습니다.

다음 정기노회가 마산 문창교회 별관에서 개최되었습니다. 노회 때마다 문제가 있었으므로 그 귀추歸趨를 궁금히 여겨 방청석에는 사람들이 입추의 여지없이 모여들었습니다. 노회 중 모 목사가 회개하는 간증이 있었습니다.

"나는 소위 '미소기하라이'를 한 사람입니다. '미소기하라이' 의식은 여러 노회원들도 아시는 바와 같이 '아마테라스 오미카미' 외에는 다른 신을 신으로 섬기지 않을 것을 예식으로 행하는 것으로, 나는 부산 송도 앞 바다에서 추운 겨울, 옷 하나 걸치지 아니한 나체로 바닷물에 머리까지 전신을 잠기도록 들어갔다 나오는 지독한 일을 일곱 번이나 하여야 신사의 제관이 된다 하여 이러한 죄를 저질렀던 사람입니다"라고 자복하며 통회하니 전 노회원들이 숙연해지며, 마침내 온 장중(장내)이 울음바다로 화했습니다. 이때였습니다.

"'미소기하라이'라는 게 무언고? 난 들어보지도 못한 말일세" 하는 말이 들리기에 돌아보았더니, '미소기하라이' 동원에 책임을 맡은, 경상남도 연성국장을 지냈고 신사참배할 것을 가장 강력히 주장하던 거물급 친일파였습니다. 가증스러웠습니다. 하나님 앞에 면구스러웠고 옥중에서 괴로움에 시달리다가 무참히 쓰러져 간 순교의 제물들을 생각하니 서러움이 북받쳐 견딜 수 없었습니다.

내가 그를 목사직에서 제명除名할 것을 동의하였더니, 그는 슬그머니 자리를 떠났습니다. 재청도 있었습니다. 그러나 "초록은 동색이라"는 속담처럼 노회장마저 한통속이므로 제명당할 본인이 불참이라는 이유를 들어 가부를 묻는 결의를 다음 노회 시까지 유보시키는, 전혀 타당성이 없는 결정을 하였습니다.

그 후 여러 목사들과 장로들이 저를 찾아와서 '제명 동의'를 철회하도록 권유하였습니다. 물론 저는 단호히 거부했습니다. 그 목사에 대한 개인 감정 때문이 아니라 하나님 앞에서 제가 해야 할 사명이라는 것이 움직일 수 없는 저의 신념이었습니다. 저의 부동한 결심을 알게 된 그 무리의 목사들은 다음 노회 개회일을 10여 일 앞둔 어느 날, 그들끼리 모여 노회를 조직하기로 결의하고 노회를 열어 전국 총회 총대總代를 파송했습니다. 남은 우리도 노회로 모이고 총대를 파송했습니다.

총회는 개회되었으나 한 노회에서 두 파의 총대가 각각 따로 왔으니 어느 파 노회 총대가 합법적이냐는 문제로 매우 어려움을 당했습니다. 총회는 난장판이 벌어졌고, 사회 보는 총회장을 한 편은 끌어내리려 하고 다른 한 편은 저지하려고 강단에 몰려들어 난투극을 벌였습니다. 결국 경찰이 동원되고 총을 겨누어 싸움을 중지시키지 않으면 안 되었습니다. 그리하여 총회원인 목사 장로들이 경찰관의 훈계를 받고 총회는 비상 정회停會 선언으로 무기 정회되었습니다.

반성할 줄 모르는 무리들!

자기를 위하여는 수단과 방법을 가릴 줄 모르는 기회주의자들!

하나님께 영광을 돌려야 할 교회가 일본이 물러가니 이제는 민족끼리 난투극을 벌여야 하는 이 비극을 무엇으로 말할꼬. 이 같은 한국 교회의 수치를 무엇으로 씻을꼬. 여기서 물러서자니 한국 교회 장래가 암담하고, 싸우자니 하나님 앞에 죄송하고 교회가 수치를 당하는구나.

그해 겨울이었습니다. 그러니까 1946년 12월 크리스마스가 다가오는 어느 날이었습니다. 대구제일교회 2층에서는 크리스마스 축하 준비를 위해 어린이들이 모여 여러 가지 순서를 연습하기에 골몰하였습니다. 난로는 발갛게 달아 있었습니다. 그런데 갑자기 괴한이 나타나 난로를 엎으며 "불이야!" 하고 고함을 쳐 예배당 안은 혼란이 일어나고 이성을 잃은 어린이들이 2층에서 서로 먼저 내려오려다가 엎어지면서 밟히고 깔려서 42명이 떼죽음을 당하는 참사가 빚어졌습니다. 이 예배당은 바로 난투극을 벌인 총회장場으로, 경찰이 총으로 위협하며 강단을 강점하여 싸움을 중지시키고 훈계로써 총회를 정회시킨 그 예배당이었습니다.

난로를 넘어뜨린 괴한은 공산당원으로 판명되었으나 이 역시 얼마나 괴로운 교회의 시련이었던가요! 하나님은 어린 생명을 불러 가면서까지 한국 교회를 책망했으나 역시 마찬가지였습니다. 그리하여 마침내 꿈에도 잊지 못할 골육상쟁骨肉相爭(형제나 민족끼리 서로 다툼)의 피바다를 이룬 6·25라는 참혹한 전쟁까지 겪지 않으면 안 될 결과를 초래하였던 것입니다.

그러나 늦게나마 고려신학교에서 회개운동이 일어난 것은 한국 교회를 위하여 다행이었습니다. 마침 전쟁으로 인하여 전국 교회 목사들이 부산으로 피난해 모여들었고, 고려신학교에서 일어난 회개운동을 알게 되면서 계속 집회를 가졌습니다. 한편, 멀리 제주도까지 다른 목사들을 따라가 회개운동을 계속 벌였습니다. 끝내 부산은 아무 피해를 입지 않은 가운데 전쟁은 멎었습니다.

그러나 철면피 같은 목사들은 끝내 그들의 죄를 엄폐하려 하였고, 그들의 과거를 합리화하기 위하여 부산에 모여, 비상 정회되었던 총회를 부산중앙교회에서 개회했습니다. 고려신학교 측 총대는 처음부터 입장을 봉쇄하였습니다. 저들은 자기들 추종자들의 총대에게 입장권을 배부하고 출입문에서 입장권을 휴대하지 못한 사람은 일체 입장을 불허함으로써 고신파 총대들의 입장을 철두철미하게 봉쇄하는 데 성공하였습니다. 비열한 그들의 수단에 의하여 축출逐出당한 고신파는 어쩔 수 없이 다른 노회를 조직하게 되었습니다. 이것이 소위 '고신파'의 연유에 대한 전말顚末입니다.

끝내 한국 교회를 진리로 사수하지 못한 한스러움이 없지 않으나,

‘신사참배’도 죄라고 하지 아니하고 더구나 ‘미소기하라이’ 의식으로 일본 신인 ‘아마테라스 오미카미’ 외에는 여호와 하나님도 신으로 섬기지 않겠다고 맹세한 자들이면서도 그것이 죄라고 자복自服하지 못하는 무리들과 추종자들이 어찌 하나님을 바로 인식한 기독인일 수 있겠는가 생각해 볼 때, 고신파가 이루어진 것도 하나님께서 하신 일인 것을 저는 믿습니다. 더욱이 지금까지 보수주의적 개혁신학의 고취로 그래도 한국 교계에 음으로 양으로 영향을 끼쳐 온 사실과, 심지어 극단의 신신학계新神學界에까지 아직은 바른 진리를 고수함으로써 견제하여 온 것 등은 하나님이 남겨 둔 ‘진리의 파수대’로서, 거룩한 그루터기로서의 역할을 하기 위한 것임을 봅니다. 그리하여 허물어진 한국 교회를 진리로 재건할 사명이 우리들에게 있음을 절감하는 바입니다.

〈고신학보〉 창간호(1972. 3.)

# 너희는 세상의 빛이라

마태복음 5장 13-16절

우리 신자를 세상의 빛이라 하였습니다. 우리 신자를 세상의 빛이라 함은 이는 세상이 어둡다는 것인데, 세상이 어두운 것은 무엇을 의미하는 것입니까?

이는 하나님 없는 세상을 가리킵니다. 실례를 들어 애굽은 최고最古 최초最初의 문명한 나라였습니다. 애굽은 당시 최고 문명국이었으니 모든 학문이 당시 최고였고, 정치나 공업 또한 최고였습니다. 그러나 그들에게는 한 가지가 없었으니, 하나님이 계시지 않았습니다. 그러고 보니 정치도 인간 편으로 보아 참 지혜로웠고, 공업도 최고였고, 모든 학술이 뛰어났지만, 범죄하는 일에는 아주 어두워진 것입니다. 현대도 세상은 정치만 잘하면 잘될 줄 알고 문화, 산업, 공업 시설에 국가의 흥망이 좌우되는 줄 압니다. 그러나 성경은 불연不然(그렇지 아니함)하여, 국가의 흥망이 범죄 여하에 좌우됨을 말합니다.

그리하여 애굽에 모세가 나타나 하나님을 보여 주었습니다. 이것이 곧 세상 빛인 것입니다. 즉 하나님을 보여 주는 것이 세상의 빛입니다.

그러면 하나님을 알고 하나님을 믿는 세계에는 범죄 사실이 없습니까? 그 세계에는 어둠이 없습니까? 물론 신자 세계에도 범죄 사건이나 어둠이 있습니다. 이를 가리켜 '시험'이라 합니다. 신자 세계에 이런 일이 있을 수 있기 때문에 예수님께서도 "시험에 들지 말게 하옵시고 다만 악에서 구원하옵소서"라고 기도하셨습니다.

신자 세계에 범죄하여 어두워지는 일이 있으니 첫째, 사울 왕은 범죄하여 시험에 빠져 어두워져 있으니 그 가족이 망하였고 그가 맡은 국가도 망하였습니다. 둘째, 다윗 왕도 시험에 빠져 어두워져 범죄하여 가족도 망하고 국가도 망하였으나, 다시 회개하여 긍휼을 얻어 회복하였습니다.

그러나 끝까지 범죄치 아니한 요셉은 애굽 천지에 큰 빛이 되었습니다. 7년 풍년과 7년 흉년을 보았고, 그 백성에게 하나님을 보여 주었습니다. 하나님 앞에서 범죄치 않는 자가 세상의 빛인 것입니다[엘리야, 엘리사, 요셉, 다니엘, 사드락]. 다음의 빛은 범죄하여 잘못된 줄 알고 회개하는 자가 빛이 되는 것입니다[다윗 왕, 요나]. 참 어려운 일입니다.

현재 한국 교회도 꼭 같이 하나님 없는 일을 하고 있으니, 교회 정치만 잘하면 잘되는 줄 압니다. 총회 행정, 교회 행정에 급급하고 있습니다. 내부를 보면 당을 짓는 일, 물질적으로 어두운 일, 지위 다툼, 주권 보장 등 하나님을 두려워함이 없는 일을 하고 있음은 너무도 잘 나타나고 있는 현상입니다. 이때에 우리는 두렵건대 범죄하지 말고, 하나님께서 우리를 붙드시고 역사하는 사실을 보여 주어 금일의 빛이 되어야 할 것입니다.

결론으로 우리 삼일교회가 한국 교계에 빛이 된 것을 생각하면서 한국 교계에 의지하여 메어 주신 사명이 중차대함을 기억하여 주시기 바랍니다.

《수서본 설교집》 2권 2장

# 교회에 대한 의무

골로새서 1장 24-29절

인생은 각각 자기 위치와 지위에 따라 의무가 있습니다. 가정에는 부모로서 자식에 대한 의무, 남편 된 자, 아내 된 자, 자식 된 자의 의무가 있고, 국가에도 국민 된 자의 의무가 있음은 새삼스럽게 말할 필요가 없는 것입니다. 금일은 우리 교회에 대하여 우리 교인으로서 의무를 말하고자 합니다.

교회에 대한 의무란 하나님을 떠난 세계의 일이 아닙니다. 하나님의 명령, 하나님의 뜻에 합의된 일에 순종 또는 힘을 다하여 섬기는 것을 의미합니다. 이는 첫 인생인 아담 때부터 인생에게 부여된 의무입니다. 선악과를 먹지 말라는 명령과 만물을 다스리며 지키는 의무를 맡긴 것입니다[창 2:15-17].

인생은 타락하여 인생 자체가 떨어졌으니 만물에 대한 책임과 의무와 권리 또한 상실한 것입니다. 신약 시대에 와서는 사죄의 은혜를 받아 하나님의 자녀가 되며 하나님의 백성이 되었습니다. 하나님이 계신 줄 알게 되고, 자신이 죄인인 것을 알게 되고, 예수님을 자기 구주로 믿게 된 것은 택함을 받은 증거입니다. 이는 구원받은 증거가 되는 것입니다. 확실한 것입니다.

그러면 구원받은 백성인 우리들이 할 의무는 무엇일까요? 우리의 의무를 알기 위해서는 교회가 무엇인지 먼저 알아야 합니다. 성경에는 교회에 대하여 170여 회 기록되어 있습니다. 이는 제가 세어 본 것이니 확실한 것은 모릅니다. 몇 가지 예를 들면, 성도의 회會[시 89:7], 정직한 자의 회[시 111:1], 그리스도의 몸[엡 1:22-23; 골 1:18], 하나님이 심으신 가지[사 60:21], 그리스도의 신부[계 21:9], 살아 계신 하나님의 교회[딤전 3:15] 등입니다.

그러면 교회의 명칭이라든지 교회의 정의에 따라 각기 그 의무를 알아봐야 할 것입니다. 그러나 금일은 이 본문에 따라 교회에 대한 의무를 말하고자 합니다.

## 1. 그리스도의 남은 고난을 지고 가는 의무입니다.

여기서 그리스도의 남은 고난이란 죄로 더불어 싸우는 괴로움을 의미하며, 죄악 세상에서 거룩함을 지켜 가는 데서 당하는 고난을 의미합니다.

## 2. 복음 전하는 의무입니다.

본문에 바울 선생은 복음 전하는 것을 자기 의무를 다하는 것으로 여겼습니다. 교회가 할 일 중에 최귀最貴한 것, 최후최고最後最高의 일은 복음 전하는 일에 전부 집중해야 할 것입니다. 성신의 필요는 여기에 있습니다. 복음 전하기 위하여 성신을 주셨는데 복음 전하지 않으면 거두어 가십니다. 제자들에게 주신 성신은 복음 전하기 위하여 주신 것입니다. 교회에서 성신이 떠나가시면 교회가 아닙니다. 인간끼리 모여 싸움만 할 뿐입니다.

## 3. 지상 교회로서 없어서는 안 될 것을 성경이 말합니다[행 6:1 이하].

십일조의 의무는 지상에서 하나님의 사업을 위하여 필요함을 의미합니다.

《수서본 설교집》 4권 3장

# 성전과 교회

열왕기상 8장 18-30절

성전聖殿이란 교회가 모이는 처소입니다. 교회란 세상과 구별된 성도가 모여 한 단체가 된 것입니다. 이 단체가 모이는 곳이 성전입니다. 성전은 이스라엘 백성이 광야에서 나와 하나님께서 지시하신 대로 지은 것으로 시작하였습니다. 당시는 이걸 장막이라, 회막이라, 성막이라 불렀습니다[출 40:18-19, 34; 삼하 7:6]. 이곳에서 하나님께서 당신 백성의 죄를 용서하여 주셨습니다[레 1:3-4].

솔로몬 왕 때부터는 성전을 지었습니다. 하나님께서는 여기서도 역시 양 잡고 소 잡아 번제燔祭, 속제 등으로 죄 사함 받아 거룩하게 되고 정淨하게 되는 일을 백성에게 하게 하셨습니다. 이는 물론 예수님 십자가의 그림자로 사죄의 은혜를 받은 것입니다. 신약 시대에 와서 예수님께서는 그리스도의 일로, 십자가로 당신 백성의 죄를 용서하시는 일을 성전에 모인 교회에서 하십니다[계 1:9-20].

그리하여 하나님께서 이 성전 짓는 일을 중대하게 보셨기에 다윗이 성전 짓기를 원하였지만, 하나님께서는 다윗이 피 흘린 사람이라 하여 허락하지 아니하셨습니다[대상 22:8]. 한편 웃시야 왕은 이 성전에서 자기 직분 아닌 분향을 하려다가 문둥이가 되었습니다[대하 26:16-21]. 성전에 모인 교회가 함부로 교만하여 덤빌 일이 아님을 보여 주는 사건입니다. 열왕기하 19장 14절 이하를 보면 히스기야 왕이 성전에서 기도하여 앗수르군 18만 5천 명을 죽게 하신 기도의 응답을 보여 줍니다.

죄 용서함을 받는 일[즉, 제사]을 하는 곳이 성전입니다. 인생 생명의 영원한 문제 해결이라는 중대한 일이 이루어지는 곳입니다. 인생이 범죄할 때는 촛대를 옮기리라 하셨으니[계 2:5], 솔로몬의 성전도 범죄할 때 느부갓네살 왕 군대의 손에 무너졌습니다. 범죄할 때, 바벨론에서 돌아와 재건한 제2 성전도 주전 65년에 붕괴되었고, 주전 37년에 헤롯이 다시 건축하되 46년이나 걸린 성전도 주후 70년에 돌 위에 돌이 겹치지 않고 없어졌습니다. 이 세상에서도 신이 멸하여 성전을 찾아볼 수 없으니, 이는 하나님께서 과거의 성경 역사뿐만 아니라 금일에도 우리 눈앞에 보여 주는 것입니다.

모든 성전에 모이는 교회는 우리 하나님께서 인생에게 베푸시며 하시는 일, 순종하여 죄 용서함을 받는 일을 중심에 두어야 합니다. 다시 말하여 영의 일을 좇아 영의 일을 하여야 합니다. 기사 이적을 중심에 두어서는 안 됩니다. 이적으로는 결실이 없습니다. 이적은 천국의 그림자로, 영의 세계를 보여 주는 일을 할 뿐입니다. 고로 교회는 죄 사함 받는 영의 일을 중심으로 해야 합니다.

《수서본 설교집》 2권 3장

# 5. 옥중기

* 주기철 목사나 손양원 목사처럼 한상동 목사 역시 암울했던 일제 강점기에 신사참배 반대운동으로 옥
고를 치렀다. 그의 옥중 경험은 이후 고신 교단을 비롯한 많은 사람들에게 적지 않은 영향을 미쳤다.
한상동 목사의 옥중 생활은 박윤선 목사의 말대로 "불초자(박윤선)가 애걸복걸하면서 그 옥고의 일부분
이라도 기록하여 달라고 하여서" 한상동 목사의 허락을 받아 1953년 〈파수군〉에 네 번에 걸쳐 연재하
였다. 이후 1954년 8월 책으로 출간하였다. 비록 한상동 목사 자신이 남긴 것은 아니지만, 한상동을
연구하는 데 꼭 필요한 자료라고 생각하여 이 책에 포함했다. 독자들의 이해를 돕기 위해 〈파수군〉 기
고문에 더한 박윤선 목사의 설명을 싣는다.

"부드러운 음성을 듣기만 하여도, 화평한 얼굴을 보기만 하여도 은혜가 되는 진리 파수의 승리자 한상
동 목사님의 옥중기를 세상에 내놓게 되어 참으로 기쁩니다. 많은 사람들이 한상동 목사님의 옥중기
를 쓰기 위하여 내용을 물었으나 도저히 용납하여 주시지 아니하여 지금까지 왔습니다. 그러나 한국
교계가 어지러운 이때에 주님을 위하여 목숨을 바치려는 일꾼들에게 전 생활을 주님과 같이한 신앙의
체험담을 소개하고 싶었습니다. 그런 연유로 목사님의 설교를 통한 승리의 기록을 내놓는 바입니다.
다만 이 글월이 한 목사님 자신이 말한 것처럼 1인칭으로 꾸며진 것은 독자들에게 더 큰 감동을 주기
위해서입니다."

## 제1. 하나님의 일꾼이 되기까지

주께서 지금도 저와 같이 계심을 믿어서 알고[마 28:20], 그토록 감사하신 내 주님을 증거할 수 있는 이 글을 쓰게 되어 참 감사하는 바입니다. 저는 6세 되는 때에 우리 이수里數로 10리가량 되는 곳에 있는 5촌 당숙의 집에 양자로 갔습니다. 어릴 때부터 생가의 부모와 남녀 8형제나 되는 형제를 떠나 고독의 생활을 했습니다.

21세부터 인생 문제로 고민을 하다가 견디지 못하여 자살까지도 생각하여 보았습니다. 그러나 24세 봄부터 주께서 불러 교회에 출석했고, 25세에 세례를 받고 신앙으로 살게 됨에 따라 핍박이 시작되었습니다. 우리 풍속에는 특히 선조의 제사에 대한 관심이 많습니다.

무자無子한 사람이 양자를 구하는 것 또한 선조의 제사 문제가 중대한 일이었기 때문입니다. 그런데 양자로 간 제가 교회에 나가니 예측한 대로 양가에서 쫓겨나고 말았습니다. 쫓겨나서는 양가 부모님의 감정이 좀 식어지면 다시 양가에 들어가고, 또 쫓겨나고 또 들어가고 하기를 약 3년간이나 하는 중 별별 사건이 많았습니다.

그중에 예를 몇 가지 든다면, 양가 부친께서 주야 3일간이나 가슴을 치며 무자함을 한탄하며 통곡하셨는데, 그 소리를 듣는 저는 쫓겨나는 것보다 더 고통이 심했습니다. 결국 문중회의가 열렸습니다. 문중회의란, 우리 동리 전 인구가 800명가량인데, 그 가운데 우리 일가一家인 한韓씨 약 250명 중에 남자로 대표되는 30-40명이 모여 일가족을 위한 사건의 회의를 하는 것을 말합니다. 그 문중회의에서 파양罷養 선고를 한 것입니다.

그때 대문 밖에서 들으니 양모 되신 어머님이 목을 매셨다며 전 식구들의 곡성이 진동하였습니다. 저는 들어가지도 못한 채 대문 밖에서 듣다가 이제는 멀리 도망하는 것 외에는 다른 도리가 없다는 생각이 들었습니다. 그리하여 전도사님을 찾아 방문하고 사연을 말한 후 도망하겠다 하였더니 "금야今夜(오늘 밤)는 여기에서 자고 내일 되어가는 형편을 보고 움직여라" 하여 거기서 자고 보니, 소식이 들리는데 양모가 별세하지는 않으셨고 목을 맨 까닭으로 아직도 괴로워하시는 모양이라 하여 양가에서 사람을 보내어 저를 찾아왔습니다. 이는 양가에서 생각하기로 축출을 당한 자식이라 자살이나 하지 않았나 함이었습니다. 그리하여 저는 다시 양가에 들어갔으나 가정의 불화는 여전히 계속되었습니다[눅 12:40-53].

그러던 중 3년이라는 세월이 지나 27세 9월경에는 아주 축출을 당하였습니다. 그때 저는 경남 진주읍에 있는, 호주 선교사가 경영하던 학교에서 교편을 잡고 있었는데, 그때부터 전도에 사명을 느끼고 성경공부를 하고 싶어 서울 피어선皮魚善, Pierson 고등성경학교에 입학하여 공부하였습니다. 하지만 그곳에서도 만족을 얻지 못하고 주님의 복음을 전할 생각이 간절하던 차에, 마침 경상남도 여전도회 사업으로 전도인의 사명을 받고 교회도 없고 신자도 없는, 예의禮儀에 완고한 곳으로 전도하러 갔습니다.

전도지인 경상남도 고성군 학람리는 옛날 풍속상 예의에 너무 완고한 곳이라 부부 간에도 내외內外(남녀가 서로 얼굴을 마주 대하지 않고 피함)를 하는 곳이었습니다. 옛날 풍속에 남자만 거처하는 사랑방이 있는데, 남편이 아내 방에 들어가야 할 일이 있을 때는 뜰에서 기침을 하여 아내에게 방에 들어갈 것을 알려 줍니다. 아내는 주의하여 남편이 자기 방에 들어오기 전에 다른 문을 열고 살금 나갔다가 남편이 자기 방에 들어와 볼일을 다 보고 그 방에서 나가면 조용히 자기 방에 들어가는데, 이런 식의 고래 풍속이 그대로 있는 동리洞里였습니다.

또 한 가지는 길을 가다가 여자가 오면 남자가 옆으로 돌아서고 여

자는 남자의 뒤로 지나가는 법이었습니다. 그러나 여자가 길을 가다가 남자를 멀리서 보고 좀 머뭇머뭇하여 보고 남자가 돌아서 주지 않으면, 이 남자는 예의를 알지 못하는 하인이므로 내외의 법을 지킬 필요가 없다는 의미에서 그대로 마주보고 지나가 버립니다. 이와 같은 옛날 고품高品 예의를 지키는 곳에 전도하러 간 저는 처음 전도인으로 나선 자신에게 실망하지 않을 수 없었습니다. 왜 그런고 하니, 이 동리는 전도인에게는 가옥도 빌려 주지 않기로 하였으며 수화水火를 불통不通[1]하여 누구와 더불어 이야기하며 전도할 곳이 없었기 때문입니다.

그리하여 저는 화요일 조반부터 안 먹기 시작하여 다음 화요일 아침까지 일주간을 금식하여 기도했어도 여전히 전도는 되지 않았습니다. 지금 그때 일을 생각하면, 말만 지혜 있게 잘하면 듣는 자로 하여금 답변할 수 없도록 하여, 말로 이기기만 하면 그 사람이 믿어 신자가 될 줄 알았던 것입니다. 지금 생각하면 너무도 유치하였습니다. 가정에서 쫓겨나기까지 한 저로서는 전도가 되지 아니함에 더욱 실망하지 않을 수 없었습니다. '나는 주님을 위하여 부모도 형제도 친척도 재산도 다 버리고 나왔거늘 왜 전도가 되지 않는가' 하여 실망해 마지않았습니다.

---

1. 물과 불은 서로 통하지 않는다는 뜻으로, 친교가 이루어질 수 없음을 뜻한다.

그러나 저는 다른 전도지로 옮길 때 한 번만 더 전도인으로서 기회를 달라며 전도회에 청원하였습니다. 이 전도회의 원칙은 만 2년 내에 교회를 세우고는 다른 전도지로 이전하는 것이었습니다. 그리하여 전도회에서 허락하여 주셨는데, 이번엔 아주 불량자들만 있는 시골시장인 경상남도 하동군 진교면 소재지로 가게 됐습니다. 저는 이곳에서 비로소 참으로 기도의 맛을 보았으며 경험을 얻었습니다. 새벽 2시 혹은 3시, 늦어도 4시경에 일어나 산에 올라가 수림樹林 중에 가서 기도하는데, 처음에는 바람 소리, 나무 잎사귀 소리에 무슨 짐승이 나올 것같이 무서운 중에서 기도도 잘하지 못하였습니다. 그러나 "주께서 성령으로 은혜를 베푸시며 주님께서 저와 같이 계셔 주시리라" 하고 약속하신 말씀이 믿어졌습니다[마 28:20].[2]

저는 바람 소리도, 나무 잎사귀 소리도 들리지 않으며 육신의 감각이란 것은 도무지 모른 채 오직 주님과 이야기하기를 시작하였습니다. 그 시간이 혹은 한 시간 혹은 두 시간 혹은 세 시간으로, 괴로운 줄 모르며 피곤한 줄 모르고 기도했습니다. 그 기도하는 시간은 저에게 말할 수 없는 즐거움의 시간이었습니다. 그 후 예배당에서 기도할 때 전에는 사람들이 들어오고 나가는 것과 타인이 기도하는 소리가 들렸는데, 이렇게 기도에 재미를 보고 나니 일절 외계外界로부터 오

---

2. "내가 세상 끝 날까지 너희와 항상 함께 있으리라"

는 모든 것에 감각이 없어지고, 오직 주님을 향하여 기도하는 것에만 집중하게 되었습니다. 그리고 전도가 되고 안 됨을 염려하지 않았습니다.

이렇게 되자 의외의 신자가 일어나기 시작해 진실한 신자가 차차 다수가 되었습니다. 이는 꼭 주님께서 하시는 것이 확실하였습니다. 그 후 평양신학교에 입학하여 졸업을 두 학기 앞두고, 앞으로 교회로 나가 섬김에 어찌하며 또한 어찌될까 함이 저에게는 일대 문제가 되었습니다. 보통 신학교를 졸업하고 나갈 때 2-3년간은 설교에 아무 염려가 없도록 준비되어 교회로 나가는데, 저는 설교 하나 준비 없이 그대로인지라 할 수 없이 두 학기를 앞두고 새벽기도는 물론이려니와 토요일이 되면 밤을 새워 기도하였습니다. 그 결과 저는 신학교를 졸업하고 부산 초량교회에 조사助事(장로교에서 목사를 도와 전도하는 교직)로 갔습니다.

신학을 졸업하고 목사로 가지 않고 조사로 가는 경우는 별로 없었습니다. 신학을 졸업하고 조사로 간 것인만큼 그 교회에서 업신여김을 받는 감이 없지 아니하였습니다. 그러나 2개월가량 지낸 후 그들이 자복自服(스스로 자백함)하여 저들에게 말하기를 "한 조사님은 옛날의 한 조사님이 아니고, 아주 다른 사람이 되었다"고 하였습니다. 그것은 기도하는 것도 설교하는 것도 전과는 다르다 함이었습니다. 저 자신도 생각할 때 설교나 기도에서 전과는 다름을 느꼈습니다. 그리하여 전 교회가 크게 은혜를 받아 교회가 부흥되는데, 새벽기도회에 매일 출석교인이 100여 명이 되었고 새벽마다 은혜를 주셨습니다. 시간 관계상 새벽기도회에 참석하지 못하는 교인들은 늘 탄식하며 아쉬워하였습니다. 저는 어느 교회에서든지 1년간 하루도 빠짐없이 새벽기도회를 계속하였습니다. 새벽기도회를 통해 주께서 성령으로 친히 일하심을 알게 하여 주셨습니다.

그 후 경상남도 마산교회 목사로 시무하게 되었는데 몇 가지 문제가 있었습니다. 하나는 마산교회에 가기 전에 마산교회에서 저를 가장 사랑하여 주신 어떤 장로님이 사람을 보내어 하는 말이, "우리 마산교회에서 공동의회를 열어 가결되어 목사로 청하였으나, 실은 모든 청년들과 기타 유력한 직분 중에서는 환영하지 않으니, 우리 마산교회로 오지 않는 것이 좋겠다. 그 이유는 우리 마산교회에 왔다가 만일 배척을 당하면 교역 첫걸음인 만큼 한 목사의 앞길이 막힐까 함이라"고 한 것입니다. 또 다른 하나는, 노회에서도 마산교회 목사로서 시무하기로 가결했다가 다시 재론을 일으켜 "한 목사는 아직 경험이 없고 유치幼稚(어리고 익숙지 않음)한 사람이니 마산교회 시무는 합당하지 않다 하여 의논議論이 많았다"라고 한 말이었습니다. 저는 그때 이렇게 기도하였습니다. "아버지여! 제가 마산교회로 가는 것이 주님의 뜻이 아니라면 전지전능하신 주께서 어떻게 해서든지 가지 못하게 하시고, 만일 마산교회로 가는 것이 주님의 뜻이면 제가 그 교회에 가서 배척당하여 쫓겨나며 교역할 길이 막혀 세상 교회에서 버림을 당할지라도 이 희생을 달게 받게 하소서. 아버지, 이 종의 희생을 돌아보지 마옵시고 오직 아버지 뜻대로 하옵소서. 아멘."

이렇게 기도하고 나니 가슴이 대단히 시원하였습니다. 뜻밖에도 저에게 오지 말라고 사람을 비밀로 보내어 말하던 장로님이 친히 와서 자기 잘못을 자복하며 꼭 마산교회에 와야 한다고 역설했습니다. 또 참인지 거짓인지는 모르나 노회에서 마산교회에 가는 것을 허락하기로 결의가 되었다 하였습니다.

저는 주님의 뜻인 줄 알고 마산교회 목사로 갔습니다. 의외로 첫 시간부터 주께서 은혜를 주셨습니다. 2개월이 지나자 청년들이 자복하며 자기들이 한 목사님을 알지 못하였다고 하였습니다. 이것은 전의 한 조사보다 지금 한 목사가 주님이 같이하는 것을 잊지 않는 생활을 매일매일 힘쓰고 있으며, 주님께서 같이하여 주시어 주께서 모든 일절을 주장하고 계심을 알지 못하고 목사인 사람만 보는 청년들이 하는 말이겠지요.

그 즈음 수년 전부터 일본 국가가 강요하던 신사참배 문제로 마산교회와 마산경찰서 사이에 마찰이 시작되었습니다. 지방 촌 교회에서 오는 조사님들의 말을 들으면 신사참배하지 않는 자에게는 죽지 않는 수준에서 말할 수 없는 고통을 준다고 하였습니다. 한 가지 예를 든다면, 모 조사님 다리 사이에 큰 몽치(짤막하고 단단한 몽둥이)를 넣어 꿇어앉힌 후 한 시간 이상이나 있다가 그도 불만스러우면 순사 두 명이 그 위 양단兩端(양쪽 끝)에 올라앉아 다리 뼈가 부서지든지 어찌 되든지 감각 없게 되어 걸음도 못 걸을 지경에 이르게 한 후 집으로 보냈는데, 치료한 후 겨우 불구자는 면하였다 합니다. 제가 이에 고민한 것은 일찍이 죽어지면 오히려 다행이겠는데 만일 불구자가 되면 이 일을 어찌하나 함이었습니다.

이에 저는 이렇게 기도하였습니다. "오, 주여! 이 몸을 드리나이다. 신사참배를 반대하다가 불구자가 되어도 주님께 영광만 된다면 저는 이로써 만족하겠나이다. 전지전능하신 주여, 뜻대로 하옵소서. 아멘." 이렇게 기도하고 나니 마음이 시원하였습니다.

하루는 마산경찰서에서 마산부府(지금의 시에 해당) 내에 있는 각 교회 제직 전부를 불러 좌담회를 한다고 하였습니다. 우리 당회에서도 각 직원들과 함께 참석하였고, 경찰서장 이하 서원 전부와 부내 중등학교 교장들도 참석하였습니다. 그리하여 경찰서장이 간단히 취지를 설명한 후 마산중학교 교장이 미리부터 단단히 준비하여 신사참배를 해야 할 이유에 대하여 일장연설을 하였습니다.

그때 서장은 저에게 신사참배에 대해 가부可否를 말하라고 하였습니다. 저는 그 자리에 들어갈 때부터 주님께서 저와 함께 계셔 주심이 믿어졌습니다. 그리하여 저는 중학교 교장이나 서장이 말한 것에 대하여 옳은 것은 옳다고, 아닌 것은 아니라고 힘 있게 증거하였습니다. 이렇게 힘 있게 증거한 것은 하늘의 권세와 땅의 권세를 다 가지신 주님께서 저와 같이 계심이 믿어졌던 까닭이었습니다. 오히려 그 자리에 앉은 우리 믿는 형제들이 한 목사가 너무도 강하게 신사참배를 반대하여 금일 크게 어려움을 당하리라고 짐작하여 두려워하였다 하였습니다.

우리 믿는 형제들은 저를 동정해 마지않았으며, 서원들은 일방一放(단방)으로 서장의 명령일하命令一下에 저를 검속檢束시킬 태세를 보였습니다. 연然이나(그러나) 서장은 의외로 저를 주목하여 보다가 서원들을 보면서 검속하지 말라는 뜻으로 머릿짓을 하여 의사를 표시하였습니다. 아! 저와 같이 계시는 주님은 진실로 저의 피난처가 되어 주셨습니다. 그리하여 우리 일행은 그 자리에서 무사히 나왔는데, 같이 갔던 우리 형제들은 그 일로 인하여 큰 힘을 얻었습니다.

그 후 마산경찰서에서는 매일 저를 혼자 불러서 갖은 고난을 주었습니다. 그러는 중에 한 가지 증거하고자 함은 신사참배를 못 할 이유를 기록하여 달라고 하며, 만일 그 신사참배 못 할 이유가 합당치 못하면 용서할 수 없다고 위협한 일입니다. 저는 기도하였습니다.

"저와 같이 계시는 주님이시여! 법관 앞에 설 때 무엇을 말할까 염려하지 말라, 내가 말할 것을 주리라 하신 주님이시여! 이제 저에게 주시옵소서."

기도한 순간 6대지大旨(대의)로 신사참배 못 할 이유가 환하게 보이는데, 그대로 기록하여 주었더니 서장이 보고 "너와 같으면 신사참배를 못 하겠다고 하여도 나가라 하겠다"고 말하였습니다. 주님은 지금도 살아 계셔서 저와 같이 계심이 너무도 확실하였습니다.

그러나 그 후부터 순차로 형세가 흉악하여 마침내 저는 마산교회에서 시무할 수 없게 되었습니다. 이에 대하여 자세한 사정은 다 말 못하나 간단히 말하자면 제가 마산교회에 있음으로 저 자신은 물론이거니와 전 교인들에게 갖은 고난을 주는 것이었습니다. 혹 어떤 교우 중에서는 한 목사가 사임하였으면 좋겠다는 이도 있었습니다. 이는 교우들이 너무 고난을 당한 까닭이었습니다.

그리하여 떠나기 어려운 저 자신……, 보내기 싫은 마산교회 형제……, 아— 가슴에 뭉친 한없는 한탄에서 말 못 하고 흐르는 눈물은 저의 일생을 통하여 잊을 수 없습니다. 저는 부산으로 나가 약 1년이란 세월을 가만히 침묵하고 있으면서 신사참배 반대운동을 하고 있었습니다.

우선 신사참배를 하지 아니한 교인은 신사참배하는 목사가 인도하는 교회에 출석하지 못하게 했습니다. 그리고 신사참배한 목사나 교인들에게는 인사도 아니하며 한자리에서 먹지도 아니하였습니다. 이와 같이 신사참배하는 교회에 참석하지 아니하며 신사참배하는 사람과는 인사도 아니하며, 한자리에서 먹지도 아니하는 교인이 차차 많아지자 마침내 전국적인 문제가 되었습니다.

이 일로 인해 저는 어느 주일에는 예배드리러 갈 교회가 없었습니다. 그래서 산에 올라가 홀로 예배를 드렸습니다. 찬송도 하고 기도도 하고 성경도 보며 설교도 하였습니다. 모든 순서가 다 되어 마지막 축복기도를 하여야겠는데 앞에 교인이 보이지 않았습니다. 저는 두 손을 들어 우리 강산과 교회를 향하여 축복기도를 할 수밖에 없었습니다. 그때 저는 조선 교회가 장차 여호와의 큰 복을 받을 것을 기뻐하였습니다.

그 후 1939년 여름이었습니다. 부산 근처의 해수욕장에서 몇 사람의 동지가 모여 수양하면서 기도하였습니다. 이때가 우리 한국 교회의 재건再建의 시작이었습니다. 이때부터 신사참배 반대운동을 본격적으로 시작할 동기가 주어진 것입니다.

## 제2. 신사참배 반대운동

기도하던 중 조선 교회를 위하여 신사참배 반대운동을 철저히 할 필요를 깊이 느꼈습니다. 이 수양회를 마친 후 집으로 돌아왔는데, 하루는 마산교회의 김두석金斗石이라는 성도에게서 편지가 왔습니다. 그는 여학교 선생이었습니다.

신사참배 문제로 고민되는데 어떻게 해결할 방침이 없을까 하는 내용이었습니다. 제가 즉시 마산으로 가서 찾아보았으나, 문제는 단순하지 않았습니다. 선생은 노처녀인데, 그가 받은 월급으로 늙은 어머니와 홀로 있는 오빠, 이렇게 세 식구가 그날그날 생활해 가고 있었습니다. 만일 신사참배를 하지 않으면 학교 선생으로 있을 수 없으니 3인의 생활은 어려워질 게 뻔했습니다. 그렇다고 신사참배를 하려니 신앙 양심상 도저히 할 수 없었습니다. 하지만 신사참배를 하지 않고 그대로 선생으로 시무하려니 남자도 견디지 못하는 일을 처녀의 몸으로 도저히 불가능했습니다.

저는 목사입니다! 이런 일을 당할 때 "저와 같이 계시는 주 예수여! 이 일을 어찌하오리까!"라고 기도하지 않을 수 없었습니다. 이 3인의 식구를 향하여 저는 이렇게 말하였습니다.

"공중에 나는 새도 먹이시는 주님께서, 여호와의 계명을 지키기 위하여 신사참배를 하지 않고 모든 생활을 주님께 맡기면 학교 선생직을 사면하더라도 지켜주실 것입니다. 그리고 주님을 믿는 신앙이 있다면 사직할 수밖에 없습니다."

제 말이 떨어지자 늙으신 모친은 "나는 이대로 주림을 당하여 죽을지언정 신사참배하고 받은 월급으로 먹고살기는 원하지 않는다"고 하시고, 김두석 선생도 쾌활하게 "선생 일 보는 것 그만두겠습니다" 하였습니다. 저 역시 생활의 앞길이 막연하기는 마찬가지였습니다. 그래서 저는 세 사람과 함께 생사 전부를 주님께 맡긴다는 기도로 그 밤을 울며 혹은 기뻐하며 기도로 지냈습니다. 그 후 김두석 선생이 치른 2년의 옥중 생활에서 말할 수 없는 고난의 생활은 전 한국 신도에게 무언의 설교가 되었습니다. 동시에 그 오빠와 그 어머님의 말할 수 없는 고통의 생활, 쓰라린 사연을 그 누가 알아주겠습니까?

그 후 저는 밀양 만산리란 작은 촌 교회에 가서 2, 3개월간 고요히 침묵했습니다. 이때 된 일 중에 한 가지 증거하고자 하는 것은 1939년 10월경의 일입니다. 성례를 베풀기 위하여 일주일 전에 세례 베풀 것과 성찬 먹을 광고를 했고, 그 주일 안에 세례 내용과 성찬 준비가 되었습니다. 그런데 주일을 당하여 새벽에 예배당에 나가 기도하는데, 제 일생을 두고 기도하던 중 그때와 같이 어려움을 당한 경험은 없었던 듯합니다. 무엇이 어떻다고 말하여야 좋을지 모르겠지만 한 마디로 말하자면 기도가 되지 않았습니다. 단순히 기도만 안 된다기보다도 사방에서 들려오는 그 무서운 세력으로부터 형언할 수 없는 일을 당한 저는 견디다 못하여 산으로 도망하였습니다. 그리고 제가 산으로 간 후 교우들은 교회를 떠나지 않고 철야로 기도하여 많은 은혜를 받아 성례 거행 이상으로 주님 위하여 헌신할 힘을 얻었다고 합니다.

5일 만에 집으로 돌아오니 경찰서에서 목사, 장로, 집사, 제직 전부를 호출한 상태였습니다. 그리하여 제직 전부가 경찰서에 갔습니다. 사건은 신사 불참배한 일인데, 저에게 신사참배 못 할 이유를 말하라 하였습니다. 저는 산에서 기도하고 온 뒤라 힘이 있었습니다. 열심히 신사참배 못 할 이유를 말하는 중에 중지를 당했습니다. 그리고 동행한 장로, 집사들에게 신사참배 가부를 물었으나 힘있게 반대하였습니다. 이상하게도 경관들이 힘을 잃어 말을 잘 하지 못하더니 "금일은 그만두고 수일 후 너희 교회로 가서 전 교인들 있는 데서 신사참배 인식을 시킬 터이니, 금일은 다 돌아가라"고 하였습니다. 우리는 무사히 돌아와 승리의 기도로 감사를 드리고, 수일 후 오겠다는 경관을 기다리며 기도하였습니다.

하루는 경관 4인이 사복 혹은 관복을 하고 그 이웃 촌에 경관들을 보호하는 경방 대원 청년 30-40명을 데리고 교회를 둘러싸며 시위하였습니다. 이런 일을 처음 당한 촌사람들이 크게 야단이 난 것처럼 두려워하여 어찌할 줄을 몰랐습니다. 불신자들은 교회가 당장 없어지는 것같이 구경을 하였습니다. 그들은 목사인 제게 약 한 시간 이상 신사참배를 강요하며 위협하였습니다. 다음으로 장로를 불러 말하였으나 신사참배는 죽어도 못 하겠다 하자, "전에 한 목사 오기 전에는 어찌하여 신사참배를 하겠다고 하였느냐?"고 물었습니다. 그 장로님은 "전에는 너무 강제로 위협함에 부득이 약하여 하겠다 하였지만 이제는 죽어도 할 수 없다" 하였습니다.

경관들은 목사와 장로에게 시키는 것은 실패한 줄 알고 교인들을 모아 놓고 연설을 하여 인식시키려고 하였으나, 한 사람도 신사참배 하겠다는 사람이 없었습니다. 경관들이 돌아가며 명일明日(내일) 아침에 목사와 장로는 경찰서로 오라 하더니, 다음 날 아침 일찍이 와서 하는 말이 "한 목사, 금일 어느 곳으로 갈 일이 없느냐?" 하므로 그때 미리부터 부산 가기로 약속한 일이 있어서 "부산 갈 일이 있노라" 하였습니다. 경관들은 말하되, "그러면 부산으로 가라" 하며 장로님에게는 "한 목사가 경찰서에 오지 않으니 장로도 경찰서에 오지 말라" 하고 떠났습니다.

아, 실제로 우리와 같이 계셔 주시는 주님은 어찌 이렇게도 권능을 베푸시는지, 성찬을 베푸시던 그 주일에 기어코 산으로 보내어 기도하게 하시며 온 교회로 하여금 기도하게 하시고, 그리하여 받은 은혜로 이렇게 승리하게 하셨습니다. 과거 기독교 역사 가운데 목사가 성찬을 베풀기로 준비한 주일에 교회를 비우고 산으로 도피한다는 일이 정신병자 아니고서야 어찌 있을 수 있겠습니까? 그러나 저는 결코 정신에 이상이 있었던 사람이 아닙니다. 제가 어찌 그리하였던지 이해할 수 없었던 일입니다. 주님께서 하시는 일을 참으로 찬송합니다.

1939년 12월경의 일이었습니다.

## 제3. 옥중 생활

다시금 경찰서에서 우리 교회 제직 전부를 호출하여 저와 장로를 옥에 가두었다가 2주인 15일이 지나, 경찰의 수단과 힘으로는 어찌할 수 없다는 낙망 때문인지 우리를 출옥시켰습니다. 그러자 일반 신자들이 우리를 의심하였습니다. 신사참배를 허락하지 않고는 결단코 2주 만에 출옥할 수 없다 하여 우리들을 불신하는 것이었습니다. 그러나 우리를 가두었던 밀양경찰서 서원이 이를 증명하여 주었습니다. 검속당한 지 2주일 만이었습니다. 경찰서장이 저를 불러 인식을 시켜 보려고 했습니다. 그래서 저는 기도하며 전심으로 주님을 향하였습니다. "저와 같이 계시는 주님이시여! 제 연약함을 아시오니 이때에 주님께서 저를 돌보아 주시옵소서."

경찰서장이 저를 주목하여 보더니 하는 말이 "신사참배를 못 하겠다 하니 만일 금후로 다른 법에 조금이라도 위반하면 그때는 용서하지 않겠다"며 고등계 주임을 보고 출옥시키라고 했습니다. 장로님을 모시고 출옥하여 우리 교회를 향해 돌아가는 도중에 온 교우들이 나와서 우리를 영접하여 주었습니다.

그 가운데 한 여자 청년이 저에게 묻기를 "목사님, 어떻게 되었습니까?" 하였습니다. 신사참배하기로 허락하고 출옥한 것이냐는 의미의 물음이었습니다. 그래서 이렇게 대답해 주었습니다. "주님을 믿으십시오! 그러면 만사가 형통할 것입니다. 주님만 신뢰하십시오! 그러면 권능을 얻을 것입니다."

신사참배 문제로 검속되었다가 2주일 만에 무사히 출옥되는 일은 전 조선에 없는 일이었습니다. 고로 일반 신자가 우리를 의심하는 것도 무리는 아니었습니다.

1939년 12월경이었습니다. 이인재라는 형님이 평양신학교에 공부하려고 갔는데 신사참배 문제로 개학을 못 하자 평양신학교 기숙사에 머물러 있으면서 개인교수를 받고 있었습니다. 이때 어떤 청년이 와서 돈 400원을 주면서 말하기를 "신사참배하지 않는 운동에 사용하여 주시기를 바란다"고 하기로, 그 돈을 가지고 저를 찾아와서 상의하였습니다. 이인재는 부산 근처 해수욕장에서 같이 수양하며 기도하던 형으로, 신사참배 반대운동을 하여 조선 교회의 신앙 자유를 부르짖으며 조선 교회의 신앙 부흥 운동을 하리라는 저의 중심을 아는 사람이었습니다. 그리하여 이인재 형과 같이 경남 각 지방을 순회하며 신사참배 반대는 물론이고, 각자 개인 신앙 부흥 운동을 시작하였습니다.

실행할 조목은, (1) 신사참배하는 교회에는 출석하지 아니할 것, [이는 신사참배하는 목사가 그 교인을 인솔하고 수시로 신사참배하러 가기 때문이다.] (2) 신사참배한 목사에게 성례를 받지 아니할 것, (3) 신사참배한 교회에 십일조와 연보捐補를 하지 아니할 것, [우리 개인 신앙 부흥 운동하는 일에 연보하여 도와주기 위한 까닭이다.] (4) 교회 출석하지 않는 교인끼리 모여 예배하되 특별히 가정예배를 주로 할 것 등이었습니다.

우리는 경남에서 분담하여 일할 구역을 부산 지방, 마산 지방, 진주 지방, 거창 지방, 통영 지방 이렇게 5구역으로 하여 각각 책임자를 세워 맡겼습니다. 그리고 경성, 평양으로 내왕하며 북쪽 조선에도 신사참배 반대를 하며 개인 신앙 부흥 운동과 함께 연락을 취하였습니다. 이렇게 운동을 하며 다니는 중, 가는 곳마다 모든 신도들이 크게 환영해 주었습니다. 신사참배한 목사들 가운데 이 운동에 가입하는 목사도 있었으며, 가입하지 아니하는 목사들은 신도들에게 배척을 당할까 두려워할 정도였습니다.

그중 한 가지 제가 담대해진 일이 있습니다. 어느 날 마산에 있는 김두석 선생 집에서 자고 새벽 여섯 시쯤 되었는데, 마산경찰서 고등계 형사 한 사람이 와서 주인을 불러 "이 집에 어떤 손님이 오지 아니하였느냐?"라고 물었습니다. 저는 경찰서 고등계에서 와서 묻는 줄 알았습니다. 주님이 저와 같이 계시니 무엇이 두렵겠습니까? 저는 곧 "예, 제가 왔습니다"라고 말하였습니다. 그는 저에게 "한 목사요?" 하고 물었고, 저는 "예, 그렇습니다" 하였습니다. 물론 이 형사는 어떻게 알았는지 제가 이 김두석 선생 집에 와서 자는 줄 알고 왔던 것입니다.

형사는 "한 목사, 요새 무엇하러 이곳저곳 다니느냐?"고 하였습니다. 저는 이렇게 답하였습니다. "신사참배 반대운동 하러 다니오. 그리고 이 반대운동은 결단코 비밀로 하지 않겠소. 왜 그런고 하니 신사참배 반대운동을 다 하여 놓을지라도 또다시 당신들이 경찰의 힘으로 탄압할 텐데 우리들의 운동이 무슨 효과가 있겠소? 그런고로 우리는 합법적으로 정부가 양해되도록 할 터이니 안심하시오" 하였습니다. 그는 또 "신사참배 반대운동이 잘되느냐?"고 물었습니다. 저는 "물론 잘됩니다. 신자로서 누가 신사참배를 하고 싶어 한 사람이 있으리오?" 하였습니다. 제 말을 들은 형사는 저에게 "혹 여가가 있으면 경찰서에도 자주 와 달라"고 하였습니다. 그때 저는 금명일今明日간(조만간)에 검속될 줄 알았습니다. 그러나 이상하게도 그 후 2, 3개월이 되도록 경찰이 검속하지 않았습니다. 하나님의 영광을 위하여 주께서 친히 우리의 피난처가 되어 주셨습니다.

1940년 7월 3일이었습니다. 저는 경남도 경찰부 유치장에 검속되어 인생으로서는 차마 견디지 못할 어려움을 당하였습니다. 저는 그 어려움을 당할 때마다 사랑하는 주님께 저의 생명을 맡겼습니다. 아무리 어려운 일을 당하여도 이제 우리 주님께서 저를 천당으로 데리고 가신다고 믿었습니다. 형사는 물론 숨이 끊어질 정도까지 저에게 어려움을 주었습니다.

그러나 저는 주님을 향하여 다른 세계에서 주님과 교제하고 있었습니다. 그런고로 저의 얼굴은 태연하였습니다. 참으로 평화의 세계를 맛보았습니다. 주님의 그 크신 사랑을 그때 맛보았습니다. 그 사랑이 샘솟듯 하였습니다. 저는 갖은 어려움을 당하여 몸을 자유로이 할 수 없었지만, 그때 주님께로부터 오는 한없는 그 사랑에 너무 감격하여 울었습니다.

제가 부산에서 검속되고 수개월 동안 취조당하는 중 심문받은 혐의는, (1) 독립운동하였다는 것인데, 이 문제로 수개월간 당하였습니다. (2) 외국 선교사에게 돈을 받고 스파이 노릇을 하였다고 고초를 당하였습니다. (3) 주님께서 재림하실 것을 가르친 것을 '천년왕국 건설 운동'이라고 하였습니다.

이와 같이 조선 독립운동을 하였다는 일에 대하여 취조당하는 가운데 어려움을 당하였습니다. 다음으로는 외국 선교사에게 돈 받고 스파이 노릇을 하였다 하여 또 어려움을 당하였습니다.


## 제4. 하늘의 음성

일 년을 지나 1941년 7월 10일에 평양으로 갔습니다. 평양경찰서 유치장에서 하룻밤을 지냈는데, 주님의 은혜로 뜻밖에도 주기철 목사님이 갇혀 계신 방에 들어갔습니다. 너무도 반가웠습니다. 그 방을 잊을 수 없습니다. 하지만 그들은 주 목사님과 어떤 이야기도 하지 못하게 했습니다.

주 목사님께서는 마지막으로, "저는 이미 각오한 바입니다. 하지만 연로하신 어머님을 두고 나 먼저 세상을 떠나는 것은……" 하시고 다음은 말씀을 하시지 못하였습니다. 간수는 "주 목사님과 말씀 다 했지요?" 하며 더 이상 말을 나누지 못하게 하였습니다. 그때 저는 주 목사님과 눈물에 잠기어 침묵하였습니다.

다음 날 검사의 간단한 심문이 있은 후, 저는 평양 대동경찰서 유치장으로 가서 약 1개월 반가량 검속되어 있었습니다. 그런데 매일 오후마다 열이 나기를 월삭月朔간(한 달간)이나 지속되었습니다. 의사의 진찰을 요구하였으나 쉬 출옥하려는 핑계로 알았는지 진찰을 해 주지 않았습니다. "오, 주여! 뜻대로 하소서" 하는 기도가 매일매일 그날그날의 저의 생활이었습니다. 1941년 8월 25일경 평양형무소로 옮겨 그때부터 만 5년 이상 미결로 독방 혹은 감방에서 지냈습니다.

이제부터 형무소에서 주님께서 친히 하신 일을 몇 가지 증거하고자 합니다.

형무소에 들어간 지 3일 만에, 진찰을 받지 않고는 견딜 수 없을 정도로 건강 상태가 나빠졌습니다. 이전에도 27세 때 오후마다 열이 나며 기침도 하여 부산 철도병원 내과박사에게 진찰받은 결과, 의사는 상세한 이야기는 아니하였으나 부산이나 기타 도시를 떠나 공기 좋은 촌으로 가지 않으면 안 된다고 하였습니다. 그때 다행히 경남여전도회 전도인으로 교회 없는 곳에 가서 전도하기 시작하여 병에 대하여는 잊어버리고 지냈습니다.

진찰한 의사는 전에 중병으로 고생한 일이 없느냐고 묻더니 벌써 앓은 적이 있다며 그날부터 폐병 환자로 취급하여 폐병에 필요한 약을 주었습니다. 저는 낙망하였습니다. 폐병 환자가 옥중에서 생명을 보전하리라고는 도저히 상상도 할 수 없는 일이었기 때문입니다. 이곳이 이 세상에서의 마지막이라는 생각이 들었습니다.

수일을 지낸 후 잘 시간이 되어 누워 잠이 들려고 할 때였습니다. 저의 이름을 고성高聲(큰소리)으로 부르는 소리에 깜짝 놀라 일어났으나 독방인지라 너무도 고요하였습니다. 저는 저 자신이 폐병 환자인고로 또한 고달파 그대로 누웠지만 잠은 좀처럼 들 수 없었습니다. 그다음 날 밤이었습니다. 다시 공중에서 고성으로 저를 부르는데, 이번엔 이름을 부르지 않고 "한 목사!"라고 부르는데 똑똑하고 확실하였습니다. 그리하여 저에게 "기도하라"고 지시하시는 것이었습니다. 그 말씀을 듣고 저는 고달픈 몸이지만 기도하기 시작하였습니다.

어느 날 밤인지 주께서 몽중夢中에 나타나 저의 몸이 건강할 것을 보여 주셨습니다. 옛날 사무엘을 부르시던 주님께서 지금 저와 함께 계심이 너무도 확실했습니다. 조선 교회를 위하여 염려하여 주시는 외국에 계신 부모 형제 자매여 안심하여 주십시오. 우리 주님이 한국에도 살아 계셔서 친히 일하심이 확실합니다. 만천하 형제여, 주님께서 지금도 살아 계셔서 우리와 같이 계십니다. 저는 그때로부터 의사의 진찰도 약 먹는 것도 다 그만두었습니다. 의사와 간수는 그런 저를 염려하였습니다. 그리고 그들의 염려처럼 다음 해 3월경인지 또다시 기침이 나며 담이 나오는데 피도 심하게 나와 의사에게 진찰하였더니 의사는 비웃었습니다. 그들을 본 저는 더욱 간절히 기도하였습니다.

주님은 또 저에게 결코 이 병으로 인하여 세상을 떠나지 않을 것을 보여 주시며 위로해 주셨습니다. 매일 진찰하고 약도 매일 먹었습니다. 그런 중에 의사가 저의 태도에서 이상하게 여긴 점은, 다른 사람들은 병 아닌 것도 병이라 하여 병보석으로 출옥하여 보겠다고 별별 이유를 들어 말하는 경우가 많은데, 저는 병이 중重한데도 한 번도 의사에게 병보석에 대하여 말하지 않는다는 것이었습니다. 병세를 보아서는 보석으로 출옥시켜야 할 상태이므로 한 번이라도 자신에게 머리를 숙이는 태도를 보이면 출옥시키리라 하였으나, 최후까지 주님만 바라보는 저에게는 아무런 문제가 되지 아니하였습니다. 의사는 저의 태도를 봐서 하루 일찍 병보석으로 출옥시킬 생각이었습니다. 그래서 제 입으로 의사에게 청원하여 나갈 수 있도록 날마다 기회를 주었습니다. 간수는 제가 진찰을 받으러 나갈 때마다 저에게 말하기를 "아무쪼록 의사에게 말을 잘하여 속히 집으로 나가 치료하도록 하라" 하였습니다.

그러나 저는 주님께 저의 전부를 맡기는 동시에 보석되어 출옥함이 주님의 뜻이라면 의사의 마음을 주님이 주장하사 출옥되게 하시리라고 믿었습니다. 한편 의사는 간수를 통하여 잘되지 아니하매 자신이 직접 저에게 말할 기회를 몇 번이나 주었습니다. 한 가지 예를 들면 의사가 친히 독방에 있는 저에게 와서 친절을 베풀며 주사도 놓아 주고 하며 말할 기회를 주었습니다. 하지만 저는 말을 아니하려는 것보다 말을 할 수 없었습니다. 그 까닭은 책임감이었습니다. 전 조선에 신사참배 반대운동을 일으킨 일에 대한 책임감이었습니다. 물론 다른 사람이 반대운동을 하지 않은 것은 아니로되, 특히 이 책임을 제가 지지 않을 수 없는 것은 전 조선뿐 아니라 만주까지 문제를 일으킨 사람이 바로 저였기 때문입니다. 제가 가서 말한 곳에서 제 말을 들은 모든 사람이 검속되었습니다. 저와 편지한 사람마다 한 사람도 남김 없이 다 검속되어 말할 수 없는 고난을 당하였으며 여전히 검속되고 있었습니다. 다른 형제들은 옥중에 두고 저 혼자 나가 평안히 누워 치료하고 있을 수가 없었습니다. 또 제가 검속되기 전에 각 교회에 다니면서 "금일 가담한 이 문제에 있어 희생은 우리가 당할 터이니 아무쪼록 여러분은 하나님께 기도만 하여 달라"고 부탁하고 제가 희생을 당하겠다고 각오한 바였습니다. 그런데 만일 제가 출옥하면 전 조선에 숨어 있는 형제들의 기도가 그칠 수 있다는 생각 때문이었습니다.

또 한 가지 더욱 큰 문제는 주님께서 도저히 무슨 문제로든지 출옥하는 것을 허락하지 않으신 것입니다. 그 증거는, 제가 병으로 오랫동안 식사를 잘하지 못하던 때의 일입니다. 어느 날 밤, 잘 시간이 되어 누워 잠을 청하던 비몽사몽간이었습니다. 장소는 여전히 제가 갇혀 있는 형무소 독방인데, 언제나 감방에서 주는 그 밥을 받아 먹는 것을 보았습니다. 눈을 떠 보니 캄캄하매 '나의 신경이 약한 관계인가' 하고 또 잠을 자려는데, 두 번째 또 그와 같이 주는 밥을 다 받아 먹는 것을 보았습니다. 저는 여전히 보통으로 생각하고 또다시 잠을 자려고 할 때 세 번째 또 그와 같이 주는 밥을 다 먹는 것이 보였습니다. 저는 그제야 이상히 생각되었고, 네 번째 또 그렇게 주는 밥을 다 먹는 것을 본 후에야 일어나 "주여! 주는 밥을 다 먹는 것이 주님의 뜻이오면 내일부터 먹기가 어려울지라도 다 먹겠습니다"라고 기도하고 잤더니, 그 후는 아무것도 보여 주시지 않았습니다.

그다음 날, 저는 아침밥 점심밥 저녁밥을 다 먹었습니다. 간수는 저녁 식후 저의 감방문을 열고 말하기를 "금일은 밥을 다 먹은 것을 보니, 병이 좀 나은 모양이로구나" 하였습니다. 저는 "예, 괜찮습니다" 하였으나 간수는 아무래도 속히 출옥하여 치료하여야 된다고 하였습니다. 그날 밤이었습니다. 주님이 저에게 말할 수 없는 기이한 영광을 보여 주시는데, 지극히 작은 것 하나라도 주님께 순종하면 크신 영광을 주신다는 것을 보여 주시는 것이었습니다.

주님과 저의 관계는 세상이 알지 못하나, 혹은 세상이 저를 향하여 신비가神祕家(신비주의자)라고 할지도 모르나, 저하고 같이 계셔 주시는 주님께서 저의 전부를 주장하심이 참으로 확실합니다. 간수는 그날 식사 때 제가 다 먹지 못하는 것을 봐서 병보석으로 출옥시킬 예정이었던 것입니다. 고로 주님께서는 출옥하지 못하게 하셨던 것입니다. 이 사실을 세상은 아무도 이해하지 못할 것입니다. 그러나 저는 주님께서 하시는 일임을 확실히 압니다. 그리하여 의사는 결국 감정이 좋지 못하게 되어 진찰도 하여 주지 않고 약도 주지 않고 기타 정신적으로 무수히 고난을 주었습니다. 그러나 주님께서 보호하여 주셔서 승리하고도 남음이 넉넉하였습니다.

### 제5. 순교를 앞두고

1942년 9월경이었습니다. 예심 판사가 30명이나 되는, 소위 공범자인 우리를 차례로 불러서 간단한 심문을 하고 난 후였습니다. 하루는 간수가 와서 문을 열고 "287번!" 하고 저를 불렀습니다. 형무소에서 저의 이름은 287번이었습니다. "3일 후에는 집으로 나가게 되었다. 그동안 많은 고생을 하였다"며 위로하였습니다. 또 다른 간수들도 여러 사람이 한 가지로 말하며 출옥하게 되어 축하한다고 말하였습니다.

그런 지 3일 만이었습니다. 조반을 먹은 후 간수는 저에게 말하기를 "금일은 법정에 가서 예심 판사를 만나 보고 금일 밤에는 집으로 간다" 하였습니다. 그리고 저를 데리고 법정으로 가는 간수도 "금일은 집으로 간다"며 친절히 대해 주었습니다.

법정에 가서 예심 판사를 만났는데 대단히 친절히 대해 주며 왜 예수를 믿었는지, 신앙의 동기 또는 신학을 한 동기가 무엇인지 등을 물었습니다. 그리고 마지막으로 "일본 나라 '신'에 대하여 어찌 생각하느냐?" 하였습니다. 물론 일본 왕에게 충의를 다하겠다는 성의가 있을 줄 알았던 것입니다. 그리하여 일본 국가를 위하여 힘써 달라는 말로 설유說諭(말로 타이름)하고 그날 출옥시킬 예정이었습니다. 그리고 저도 출옥하리라고 믿었습니다.

그러나 주께서는 저의 마음을 주장하사 일본 왕에게 충의를 다하겠다는 말을 하지 못하도록 저의 맘을 어둡게 만드셨습니다. 그리하여 온 천지가 캄캄하여 이에 대하여 한마디도 말하지 못하도록 저의 입을 막으셨습니다. 이 체험은 저만이 알 수 있습니다.

검사가 다시 물었지만 저는 할 말이 없어 "생각하여 보지 못하였다"고 대답하였습니다. 검사의 말이 "목사로서 일본 국체에 대하여 생각하여 보지 못하였다는 말은 너무도 의외의 대답"이라며 제가 능히 대답할 수 있는 정도로 가르쳐 주었습니다. 그러나 저는 할 말이 없었습니다. 20분가량이나 기다리다가 검사는 마침내 분이 발하여 말하였습니다. 금일 일본 청년들이 누구를 위하여 전지戰地(전쟁터)에 나가서 죽느냐며 "바카 바카 바카 바카……" 했습니다. 수십 차례나 거듭하여 욕하는 말이 "이놈아 잘 묶였다. 잘 갇혔다. 이놈아 죽어라. 이놈아 썩어라!"였습니다. 서기 역시 분이 나서 일어섰다 앉았다 하며, 그 문제는 다 해결되었는데도 말 한 마디 하지 못하여 출옥하지 못함을 심히 안타까워하는 듯했습니다. 저는 형무소로 돌아와서 그때부터 심한 고난을 당하였습니다. 하나님께서는 신사참배하지 못할 이유는 명확하게 보여 주시더니, 일본 왕에게 충의를 다하겠다는 말은 기어코 하지 못하게 하셨습니다[마 10:19-20].

진실로 주님께서 하신 말씀은 금일도 여전히 그대로 이루시는 우리 주님이십니다. 저의 폐병은 날로 위중해져서 형무소에서도 저를 살지 못할 사람인 줄 알았습니다. 저 역시 타계他界(저승)로 갈 줄 알고 몇 번이나 "오, 주여. 어서 데리고 가시옵소서. 저의 한 날의 생활이 괴롭습니다" 하고 기도하였습니다. 저의 마음은 뜨거웠습니다. 서는 주님을 위하여 옥중에서 세상을 떠나는 것이 참으로 감사하였습니다. 아, 저는 진실로 저의 생명보다도 주님을 더 사랑하게 되었습니다. 저는 밤마다 "오늘 밤이나 데리고 가실는지?" 하며 기대하였습니다. 주님은 다시 저에게 보여 주셨습니다. "결단코 너는 세상을 떠나지 아니하리라"고 하시는 것이었습니다.

## 제6. 주님은 나를 사랑하시었다

주님은 저를 사랑하십니다. 저는 주님께 감사하며 그 사랑을 믿었습니다. 의외로 그 옥중에서 날이 갈수록 병이 물러갔습니다. 기침도 점점 없어지고, 담도 점점 없어지며 가슴의 괴로움도 점점 없어졌습니다.

이적 중에도 큰 이적이었습니다. 이때는 더욱이 전쟁 중 일본이 최고로 포학할 때라 식료품은 금수禽獸도 먹지 못할 것을 주는 때가 많았으며, 방 공기는 더욱 무거웠습니다. 또한 정신적으로 말할 수 없는 괴로움 가운데서 병이 낫는다는 사실은 사람으로서는 상상하기 어려웠습니다. 오직 주님의 능력만이 역사하였던 것입니다. 폐병으로 인하여 살아 나오지 못할 것은, 부모형제 기타 저와 같이 있는 사람은 이구동성으로 말하였던 사실입니다.

병이 낫기 시작하니 형무소 소장 이하 소원所員들은 자기 국가 정책에 반대되는 예수님의 이적을 시기하여 무한한 곤란을 주었습니다. 당한 곤란을 다 말할 수는 없으나 대략 예를 들겠습니다. 첫째, 미결未決에 있는 많은 사람의 밥을 가지고 와서 제 감방 문 앞에 놓고 제게 다 보인 후, 그 가운데 제일 적은 밥을 저에게 넣어 주며 문을 탁 닫고는 자기에게 있는 감정을 다 풀어서 저에게 보이며 어떻게 하여서라도 저의 마음을 상하게 하려고 하였습니다. 저는 당시에 병이 낫기 시작하였던 터라 음식은 얼마든지 먹고 싶었습니다. 그들은 이런 기회를 타서 저를 괴롭게 한 것입니다.

수개월뿐 아니라 수년을 이렇게 하니 저의 육체는 피골이 상접하여 뼈만 남고 결국에는 전신이 퉁퉁 부어 몸을 자유롭게 움직일 수 없었습니다. 형무소 내에 미결로 있는 사람이 다 이렇게 되었다면 영양 부족이 원인이라고 하겠지만, 저만 유독 이렇게 부은 것은 영양 부족으로 혈액 순환이 잘 안 되어서 부었다고 할 수 없는 노릇이었습니다. 그들은 제가 이렇게 부어 생명이 위태할 때는 좀더 먹이고, 그렇게 해서 부은 것이 점차 나아지면 다시 그 상태로 배를 곯리곤 하였습니다. 아, 생각하면 생각할수록 끔찍하고 잔인무도하였습니다.

그리고 시장함을 이용하여 곤란을 주는 한 가지 예는, 밥을 특별히 적게 먹인 후 일본 사람들의 김치인 다꾸앙 가운데 심히 짠 것을 사랑하고 동정하는 듯이 많이 주었던 것입니다. 시장한 차에 주는 대로 먹었는데, 다음 문제는 물을 먹고 싶어 해도 물을 주지 않는 것입니다. 그리하여 물을 좀 달라고 하면 "오늘 우리 국민 중에 전지戰地에 나가서 물이 없어 곤란을 당하고 있는 사람이 얼마나 많은지 아느냐?" 하며 건방지다고 매를 들었습니다. 여름 더위에 물을 마시고 싶어도 주지 않았고, 또 여름엔 국을 너무 뜨겁게 하여 먹을 수 없는 것을 "식기가 부족하니 속히 먹으라"며 재촉하였습니다.

여름에 더위로 피부병이 생기면 가을이 됐을 때 그 아픔이란 필설筆舌로 나타내기 어려울 정도입니다. 동절冬節에 얼음이 된 밥을 식은 국에 말아 먹고는 한 시간 이상을 참새 새끼처럼 벌벌 떨던 것을 생각하면 지금도 끔찍합니다. 이렇게 어려운 가운데서 저의 생명이 살아 나온 것은 참으로 주님의 신기하신 능력이요, 기적 중의 기적이라고 아니할 수 없습니다.

1942년 2월경이었습니다. 옥중에 있는 저에게는 말할 수 없는 비보悲報가 들렸습니다. 일본이 승리하여 싱가폴을 함락하였다는 사실이었습니다. 형무소 안에서는 만세 소리와 함께 의기양양했습니다. 이제 저는 지상 위에 살 곳이 없다는 생각과 동시에 조선 교회는 어떻게 될 것인가 하고 생각할 때 낙망의 탄식으로 가슴이 점점 답답하여 견딜 수 없었습니다. 견디다 못해 주님 앞에 엎드려 "오, 주여. 오, 주님이시여" 이 한 마디로 한없이 울었습니다. 아, 참으로 한없는 슬픔과 고독 가운데서 저의 가슴이 쓰라린 것은 비할 곳이 없었습니다.

비몽사몽이었습니다. 사람의 시체가 보이는데 그 시체에서 버러지가 나오고 그 버러지 입에서 불이 나왔습니다. 이 사실은 즉시 해석이 되었는데, 시체는 일본이요, 버러지는 일본 군인들이요, 불이 나오는 것은 일본 군인들이 전쟁하는 것[총질하는 것]으로 이해되었습니다. 일본을 버리지 아니하시고, 전쟁에 패전하게 하심으로써 후에 복음으로 구원하시려는 주님의 경륜을 생각할 수 있었습니다. 이에 저는 "아, 주님은 일본을 사랑하시나이다" 이렇게 주님께 기도하였습니다.

또 한 가지 재미있는 일은, 주님께서 저를 사랑하심이 지극히 작은 일부터 지극히 큰 데까지 이르렀다는 사실입니다. 1943년 동절이었습니다. 북풍한설北風寒雪에 독방에서의 옥중 생활은, 더욱이 '평양'에서는 너무도 견디기가 어려웠습니다. 철창 사이로 들어오는 무정한 바람, 마루 사이에서 올라오는 바람은 참으로 살을 에는 듯 차가웠습니다. 어느 날 이 바람을 조금이라도 피하려고 창문 틈과 청마루 틈을 휴지로 막았더니 이것이 '형무법'에 범칙犯則이 되었던 모양입니다.

어느 날 밤중이었습니다. 잠이 들기 전 비몽사몽간에 하나님께서는 저 자신이 형벌을 받는데 두 손이 결박당하고 꿇어앉아 있는 것을 보여 주셨습니다. 잠에서 깨어 저의 신경이 연약한 까닭인가 하고 다시 잠들려 할 때 또다시 그와 같이 형벌받고 있는 것을 보여 주셨습니다. 이 모양으로 두 번 세 번 보여 주어 제가 깨달아 알게 하셨습니다. 비로소 저는 이것을 깨닫고는 주님 앞에 엎드려 감사하고 다음 날 이른 아침에 창문 틈과 청마루 틈에 종이로 막았던 것을 빼어 버렸습니다.

조반을 먹은 후 간수들이 검사할 시간이 되어 제가 있는 방문을 열 때 간수들의 얼굴에는 노기가 가득하여 보기에 대단히 흉하였습니다. 이는 수일 전부터 창문 틈과 마루 틈을 막았던 것을 보고도 모르는 체하고 상관에게 보고하여 상관들의 명령을 따라 처벌하려던 것이었습니다. 이날 아침에도 상관의 명령에 의하여 처벌하려던 참인데, 의외로 막았던 것을 빼어 버린 것을 보고 자기들의 생각대로 되지 아니하므로 고개를 흔들면서 지나갔습니다.

석양이었습니다. 간수가 제 방문을 열고 일기日氣가 매우 춥다고 하면서 저를 위로하였습니다. 제가 "창문 틈으로 들어오는 바람이 너무 차고 견디기 어려워서 종이로 막았더니 이것이 잘못한 것이지요?” 하고 물었더니, “물론 범칙이지만 저녁에는 막았다가 아침 검사하기 전에 빼 버리면 상관없다”고 하였습니다. 이는 저로 하여금 간수의 눈을 속이는 자로 만들려는 것이었습니다. 그래서 저는 “만일 검사 시에 빼야 하면 평상시도 막지 않아야지요”라고 대답하였습니다. 상관들은 ‘수일 전까지 창문 틈을 막았던 종이를 어찌하여 처벌하려는 그날에 빼어 버렸을까? 이는 분명히 모 간수가 알려준 것이라’ 여기고 그 틈을 막았던 종이를 빼어 버리기 전날 밤에 근무했던 간수들을 불러다가 엄격하게 심문한 모양입니다. 그날부터는 다시는 조선 사람 간수를 저 있는 곳으로 보내지 않았습니다. 저는 출옥할 때까지 그 간수를 다시 보지 못하였습니다.

또 한 가지 재미있는 것이 있습니다. 처음 입옥入獄할 때는 성경을 허락하더니 얼마 후에는 성경을 다 거두어 가고 성경 보는 것을 허락하지 아니하였습니다. 그러나 이것도 통일적으로 하는 것이 아니고, 혹 다른 사람들에게는 허락하였습니다. 김인선 조사님이 저에게 성경 없는 줄 알고 비밀로 요한 1, 2, 3서를 간수가 보지 않는 기회를 이용하여 제가 있는 방에 던져 주었습니다. 그때 저에게는 비밀이 없노라 하고 벌써 형무소 간수들에게 말했던 것이 기억났습니다.

왜 저에게는 비밀이 없노라고 말하게 되었는가 하면, 어느 날 간수가 와서 저에게 하는 말이 “신사참배를 하겠다고 말하고서 출옥한 뒤에 참배를 아니할지라도 누가 따라다니면서 신사참배하라고 말할 사람이 있겠는가?" 하였습니다. 그때 제가 대답하기를 "나는 그렇게 수단을 사용할 사람이 아니며, 형무소 오기 전에 경찰서에서부터 신사참배에 대하여 생각하여 보겠다고만 했어도 이 형무소에까지 들어올 이유가 없었던 것 같다. 그런고로 나는 양심 그대로 말하는 것이라. 하여 우리에게는 무엇이든지 비밀이 없노라" 하였습니다.

그런고로 비밀로 던져 준 이 성경을 어떻게 하느냐가 저에게는 문제가 되었습니다. 실상은 성경을 보고 싶었고, 또 주님 앞에서 조금도 양심에 거리낌이 없었습니다. 그리하여 저는 성경을 숨기어 가면서 간수의 눈을 피하여 보기 시작하였습니다. 그리고 형무소에서는 어떻게 해서든지 제 방에서 비밀을 찾으려고 노력했습니다. 그러던 어느 날 성경을 비밀로 읽는데 갑자기 간수가 감방문을 열고 들어와 성경을 숨길 시간의 여유가 없었습니다. 할 수 없이 제가 방석처럼 사용하는 담요 속에 넣고 기도하기를 "오 주여, 저희 무리들의 눈을 어둡게 하시어 보지도 못하고 또한 만져 보아도 알지 못하게 하옵소서. 만일 제가 망신을 당하면 주님의 이름이 그릇될까 하나이다"라고 기도하고 검사를 당하였습니다. 이날에도 주님께서 저들의 눈을 가리어서 발견하지 못하게 하셨고 무사하게 통과할 수 있었습니다.

## 제7. 해방의 날

1944년 11월경이었습니다.

독일이 망하였다는 정보를 듣고 이어 일본이 망할 것을 알게 되었습니다. 저는 출옥 일자가 금일인가, 내일인가 하며 매일 기대했습니다. 저는 금년에 출옥하면 수양원[수도원과 같이]을 만들어서 일본 정치 아래서 양심이 마비되어 타락한 목사들이 수양하여 조선 교회의 앞날을 새롭게 출발하도록 하며, 또한 신학교를 설립하여 진리와 더불어 운명을 같이할 전도인을 기르며 전도하여 이 나라를 기독교국이 되도록 노력하겠다고 수개월 전부터 기도하였습니다. 다시 말하면 다음과 같습니다.

(1) 수도원을 설립하여 일본 정치 하에 타락한 목사들을 수양할 것.

(2) 신학교를 설립하여 진리 위에서 조선 교회와 운명을 같이할 목사를 양성할 것.

(3) 전도인을 길러서 교회를 설립할 것.


조선 민족이 영원히 잊을 수 없는 역사적인 1945년 8월 15일을 맞이하여, 저는 1945년 8월 17일에 출옥했습니다. 과거 5년간의 옥중 생활을 묵묵히 돌아볼 때, 그 생활 전부가 저 자신의 힘으로 된 것은 일호—毫(아주 작은 정도)도 없습니다.

진실로 주님은 살아 계셔서 제 생활 전부를 주관하고 계신 능력의 주님인 것을 저는 확실히 체험하였습니다. "오, 땅 위에서 주를 믿고

성도의 생애를 걷고 있는 형제여 안심하라. 주님이 살아 계셔서 지금
도 일하고 계시느니라."

저는 병으로 눕기 전에는 부지런히 힘 미치는 데까지 한국 교회를
위하여 충성하겠다는 일편단심에 불타고 있었습니다. 하루도 아직
수양이라고는 못 해 보았습니다. 출옥 당시에는 행보도 잘 못하였지
만 지금은 건장합니다. 이것 역시 주님의 은혜입니다. 저의 폐병을
아는 사람, 제가 사경死境에 이르렀던 사실을 아는 사람치고 놀라지
않는 자가 없습니다. 이것이 저의 체험 전부가 아닙니다. 대략 기록
한 것뿐입니다.

지금 저는 한국 교회 재건운동을 하고 있는데, 재건운동이란 과거
일본 정치하의 잘못을 회개하고 기도 생활과 동시에 선지자처럼 외치
는 것입니다. 또 한 가지는 신학교를 설립하여 한국 교회를 위한 희생
의 제물이 되어 줄 수 있는 목사를 이루어 내는 사업입니다. 그리하여
신학교 이름을 고려신학교라 하여 개교한 지 근 3년이 되었습니다.
하지만 아직도 우리 집이라는 것은 교사 하나뿐이며, 기숙사급 교수
사택 하나도 없습니다. 또 재정은 매일매일 주님 앞에 엎드려 "주여,
주시옵소서" 하여 그 달 그 달의 생활을 계속하고 있습니다. 교사라는
것은 겨우 적산 가옥敵産家屋[3] 하나를 얻어 교사 겸 기숙사로 사용하고

---

3. 해방 후 일본인들이 물러간 뒤 남겨 놓고 간 집이나 재산.

있습니다. 매년 수차(여러 차례) 동지 교역자들이 모여 한국 교회를 위하여 기도하며 의논하는 집회를 할 예정이며, 전도인을 파송하려는 것이 저의 몇 가지 사업입니다. 저의 일생을 바치려 함은 금일 우리 대한 민족은 아무리 하여도 주님의 복음이 아니면 살길이 없는 까닭입니다. 만천하 형제여, 기도와 물질로 돕기를 구하노라.

〈파수군〉 26-29호(1953. 3-6.)

# 한상동 목사 연표

| | |
|---|---|
| 1901년 7월 30일 | 경남 김해군 명지면에서 한재훈과 배봉애의 넷째 아들로 출생. |
| 1906년 3월 | 5촌 당숙 한금출의 양자로 입적. |
| 1907년 | 다대포 서당에 들어가 한문 수학. |
| 1910-1916년 | 다대포 실용학교 입학 및 졸업. |
| 1918년 | 모교인 실용학교 교사로 부임. |
| 1919년 3월 1일 | 다대포에서 독립만세운동을 계획했으나 실패. |
| 1921년 5월 31일 | 김두천의 큰딸 김차숙과 결혼. |
| 1924년 4월 | 박창근 전도사의 전도로 첫 교회 출석. |
| 1925년 3월 | 세례를 받고 적극적인 신앙생활을 하나 가정의 핍박 시작. |
| 1926년 | 한씨 문중회의에서 파양 선고받음. |
| 1927년 9월 | 집에서 쫓겨남. 선교사의 주선으로 진주 광림학교 교사로 부임. |
| 1933-1936년 | 평양신학교 입학 및 졸업. |
| 1936년 4월 | 부산 초량교회 조사로 부임. |
| 1937년 3월 | 경남노회에서 목사 안수, 마산 문창교회 부임. |
| 1939년 5월 | 신사참배 반대로 문창교회 사면. |
| 1939년 8월 | 부산 수영 해수욕장에서 수양회 가짐. 이것이 경남지방에서 조직적인 신사 불참배운동의 계기가 됨. |
| 1939년 10월 | 밀양 마산리교회 시무, 신사 불참배운동 전개. |

| | |
|---|---|
| 1940년 7월 3일 | 경남 도경찰부에 첫 구속. |
| 1941년 7월 10일 | 평양형무소로 이송. |
| 1945년 8월 17일 | 해방과 함께 출옥. |
| 1945년 9월 | 평양 산정현교회 시무. |
| 1946년 5월 | 경남노회장 주남선 목사, 손양원 목사 등과 더불어 고려 신학교 설립. |
| 1946년 7월 30일 | 부산 초량교회 부임. |
| 1946년 9월 20일 | 고려신학교 개교. 이사장으로 취임(교장 박윤선 목사). |
| 1951년 10월 14일 | 삼일교회 설립. |
| 1954년 9월 | ICCC(국제기독교연합회) 제2차 세계대회(미국 필라델피아) 참석. 미국 페이스Faith신학교 명예 신학 박사 학위 취득. |
| 1969년 3월 27일 | 고려신학교 교장 취임. |
| 1970년 12월 30일 | 고려신학교가 '고려신학대학'으로 승격. |
| 1971년 2월 | 고려신학대학 초대 학장 취임. |
| 1973년 12월 | 삼일교회 원로목사 취임. |
| 1974년 1월 | 고려신학대학장 정년퇴임, 명예학장 취임. |
| 1976년 1월 6일 | 오전 8시 50분 자택에서 노환으로 소천. |

# 한상동 목사 연구를 위한 참고문헌

## 1차 문헌 자료

### 단행본

한상동, 《주님의 사랑: 한상동 목사 옥중기》(성문사, 1954).

______, 《신앙 세계와 천국》(아성출판사, 1970).

______, 《고난과 승리(설교집)》(고려신학대학교회문제연구소, 1980).

*한상동 목사는 다양한 설교와 강연 자료 외에도 2,600여 쪽에 달하는 설교 대지를 남겼다. 이 방대한 자료는 알아보기 힘든 흘림체로 쓰였기 때문에 아직까지 해제되지 않아 접근이 어려웠다. KIATS는 현재 이 수서본 전체의 해제 작업을 진행하고 있으며 자료집으로 출간할 예정이다. 이 책에서는 《수서본 설교집》으로 표기했다.

### 연구 논문

한상동, "현하現下 대한 교회에!", 〈파수군〉 2호(1949).

______, "신자는 그리스도의 것이다", 〈파수군〉 25호(1953).

______, "신앙운동에는 고독을 각오하라", 〈파수군〉 45호(1955. 2.).

______, "신학 10년을 회고함", 〈파수군〉 55호(1956).

______, "나의 태도", 〈파수군〉 62호(1957. 4-5.).

______, "때를 따라 돕는 은혜를 받자", 〈파수군〉 85호(1959. 4.).

_____, "하나님의 일과 우리의 신앙", 〈파수군〉 101호(1961. 2.).

_____, "신앙의 3계단", 〈개혁주의〉 제34호(1969).

_____, "복된 죽음", 〈개혁주의〉 제38호(1970).

_____, "소위 고려파가 생기기까지", 〈고신학보〉 창간호(1972. 3.).

_____, "한국 교회의 어제와 오늘", 〈고신학보〉 창간호(1972. 3.).

_____, "화란을 다녀와서", 〈고신대신문〉 제9호(1972. 7. 30.).

_____, "하나님의 뜻 사람의 뜻", 〈고신대신문〉(1975. 3. 15.).

_____, "파수군 제100호 속간을 축하함", 〈파수군〉 제100호(1976. 7.).


### 음성 설교 자료

한상동, "목사님의 일대기와 수난사 上"

_____, "목사님의 일대기와 수난사 下"

_____, "예수님의 희생(빌 2:1-11)"

_____, "하나님의 후사 될 자녀로 가능할까?(요일 3:1-3)"


# 2차 문헌 자료


### 단행본

고택구, 《(한국 교회) 신앙체험사 1, 진리파수의 성봉聖烽》(복음세계사, 1954).

김요나, 《(한국 교회 100년) 순교자 전기》(대한예수교장로회총회, 1996).

김하일, 《한국장로교회사》(예루살렘, 1999).

부산을빛낸인물선정위원회, 《(20세기) 부산을 빛낸 인물》(부산광역시, 2004).

서창수, 《하나님 앞에 자숙하자》(월간고신사, 1983).

성서교재간행사, 《한국설교대전집》(성서교재간행사, 1978).

신앙위인전기편찬위원회, 《한상동, 양주삼》(한국문서선교회, 1992).

신재철, 《불의한 자 앞에서 소송하느냐?: 한국 교회의 고소 문제에 대한 역사
　　　적 고찰》(쿰란출판사, 2007).

심군식, 《세상 끝 날까지》(총회출판국, 1977).

＿＿＿, 《한국 교회 인물 25인 약사》(영문, 1993).

＿＿＿, 《한상동 목사의 삶과 신학》(고신대학교출판부, 2006).

안용준, 《태양신과 싸운 이들 1》(칼빈문화출판사, 1956).

염명수, 《한국이 낳은 하나님의 사람들》(예루살렘, 1999).

윤세민, 《신앙의 그루터기》(두란노, 1992).

이근삼전집편찬위원회, 《개혁주의 신학과 한국 교회》(생명의양식, 2007).

이상규, 《한상동과 그의 시대》(SFC출판부, 2006).

＿＿＿, 《한국 교회 역사와 신학》(생명의양식, 2007).

정성구, 《설교사: 한국 교회》(총신대학출판부, 1986).

최　현, 《손양원, 조만식, 이성봉, 한상동》(한국문서선교회, 1989).

＿＿＿, 《한국 신앙의 거성》(한국문서선교회, 2003).

평양지방법원, 《예심종결 결정서》(1945).

한경직, 《한국 설교 선집》(성서교재간행사, 1988).

한상동목사10주기전집발간위원회, 《한상동 목사 그의 생애와 신앙》(광야, 1986).

허순길, 《한국장로교회사》(대한예수교장로회총회출판국, 2002).


**연구 논문과 학위 논문 및 저널**

김경래, "세상이 감당 못할 참목자", 〈한국 교회 인물사〉(1976).

김남식, "이상규의 《한상동과 그의 시대》", 〈신학지남〉 289호(2006).

김성태, "초량교회와 한상동", 〈초량교회 80년사〉(1970. 11.).

김수진, "경남노회 수난과 한상동 목사", 〈현대종교〉 140호(1985).

김은도, "장로가 본 목회자 한상동", 〈고신대학보〉 제27호(1977. 2.).

김형규, 〈Han Sangdong and Reformed Spirituality in the Korean Presbyterian Church (1920-1970)〉, University of Stellenbosch (1998).

류재신, "한상동 목사 기념홀 개관예배를 보고", 〈월간고신〉 196호(1998).

박윤선, "한상동 목사님의 옥중기 1", 〈파수군〉 제26호(1953. 3.).

______, "한상동 목사님의 옥중기 2", 〈파수군〉 제27호(1953. 4.).

______, "한상동 목사님의 옥중기 3", 〈파수군〉 제28호(1953. 5.).

______, "한상동 목사님의 옥중기 4", 〈파수군〉 제29호(1953. 6.).

신현국, "후배가 본 선배 한상동", 〈고신대학보〉 제27호(1977. 2.).

______, "목회자로서의 한상동 목사", 〈고려신학보〉 27호(1995).

심군식, "삼일교회와 한상동", 〈로고스〉 10호(1982).

______, "고 한상동 목사님, 김차숙 여사님 본묘 이전 및 묘비 제막식에", 〈월간고신〉 74호(1987).

______, "한상동 목사와 고려신학교", 〈고신대학교 기독교사상연구소〉 (1996).

______, "한상동 목사의 후배 양성", 〈월간고신〉 172호(1996).

안수영, 〈한상동 목사의 생애와 영성〉, 고신대학교 석사학위(2001).

오병세, "진리의 파수자로서 한상동", 〈고신대학보〉 제27호(1977. 2.).

윤세민, "신앙과 진리의 파수꾼 한상동 목사", 〈빛과소금〉 42호(1988).

이경석, "인내와 극기의 삶을", 〈고신대학보〉 제27호(1977. 2.).

이상규, "한상동 목사와 신사참배 반대운동", 〈월간고신〉 52호(1986).

이영진, "한상동 목사와 만난 사람들", 〈월간고신〉 172호(1996).

임종만, "신앙 인물로서 한상동", 〈고신대학보〉 제27호(1977. 2.).

장기려, "한상동 목사님과 나", 〈월간고신〉 52호(1986).

정성구, "한국 교회 설교사: 한상동 목사의 설교론", 〈신학지남〉 207호(1985).

최덕성, "한상동과 주기철의 교회론", 〈역사신학논총〉 3호(2001).

최해일, "한상동 목사의 목회자상", 〈월간고신〉 172호(1996).

______, "브라보, 아름다운 선생님—내 영혼의 스승, 한상동 목사님", 〈월간 고신〉 18호(2007).

편집부, "특집Ⅱ. 고신의 인물들: 한상동 목사", 〈미스바〉 9호(1984).

편집부, "한상동 목사의 삶과 신앙", 〈월간고신〉 167호(1995).